Krämer · Lehrbuch der harmonischen Analyse

THOMAS KRÄMER

Lehrbuch der harmonischen Analyse

Breitkopf & Härtel

BV 305
ISBN 978-3-7651-0305-6

Notengrafik und Satz: Ansgar Krause, Krefeld
Umschlagentwurf: Marion Schröder, Wiesbaden
Druck: Beltz Grafische Betriebe GmbH, Bad Langensalza
Printed in Germany

Inhaltsverzeichnis

Vorwort

Als im Jahre 1991 meine „Harmonielehre im Selbststudium“ erschien, ergaben sich durch Zielsetzung und Themenstellung dieser Publikation bestimmte Einschränkungen. So schien es zum Beispiel wenig sinnvoll, Themenbereiche wie „Alteration“ oder „Modulation“ unter dem Aspekt der satztechnischen Behandlung darzustellen.
Das vorliegende „Lehrbuch der harmonischen Analyse“ versucht nun, das *gesamte Spektrum* der Harmonielehre, also der Tonsprache zwischen ca. 1600 und 1900, unter dem Blickwinkel der Analyse zu erfassen. Daß hierbei der Schwerpunkt der Darstellung auf jenen Themenfeldern liegt, die in meiner „Harmonielehre“ nicht oder nur kurz Erwähnung finden, mag als konsequente Weiterführung des zu behandelnden Stoffes verstanden werden. Wer beide Bücher durchgearbeitet hat, wird einen umfassenden Überblick und ein lückenloses Kompendium über alle harmonischen Phänomene haben, die gemeinhin unter dem Oberbegriff *Harmonielehre* zusammengefaßt werden.
Voraussetzung zum erfolgreichen Durcharbeiten des vorliegenden Buches sind Grundkenntnisse in „Allgemeiner Musiklehre“. Das Einführungskapitel vermittelt einen Einblick in die Notwendigkeit der *harmonischen Analyse*, während im Kapitel „Grundlagen“ wesentliche Inhalte des Basiswissens von Harmonielehre im Überblick zusammengefaßt sind.
In diesem Zusammenhang möchte ich mit Nachdruck darauf verweisen, daß die Beherrschung satztechnischer Grundregeln der Harmonielehre unabdingbar ist, um in der harmonischen Analyse gewinnbringend arbeiten zu können.
Das Buch kann in mehrfacher Form Verwendung finden: es eignet sich durch den anhängenden Lösungsteil zum Selbststudium; aber es kann mit seinen zahlreichen Literaturbeispielen auch als Arbeitsgrundlage im Unterricht eingesetzt werden. Jedes Kapitel ist als geschlossene Lerneinheit konzipiert und läßt eine gezielte Erarbeitung zu. Wer will, kann jedoch auch systematisch vorgehen und die vorgeschlagene Reihenfolge einhalten. Genauere Hinweise hierfür sowie Arbeitsanleitungen finden sich im Einführungskapitel.

Es ist mir ein Bedürfnis, meinem Kollegen Manfred Dings für die kritische und dadurch hilfreiche Begutachtung der einzelnen Kapitel zu danken. Die mit ihm geführten Diskussionen haben mich mehr als einmal an das Motto erinnert, welches Hermann Grabner seinem „Lehrbuch der musikalischen Analyse“ (1925) voranstellt:

Das beste Lehrbuch wird immer das Kunstwerk sein.

Gibt es einen zwingenderen Hinweis auf das Zentrum all unserer Bemühungen?

Saarbrücken, Sommer 1996 — Thomas Krämer

1. Einführung

Erste Station: Arnstadt im Jahre 1706

Im Protokoll vom 21. Februar 1706 des Konsistoriums der Neuen Kirche zu Arnstadt ist folgender Eintrag zu finden:

Halthen ihm vor daß er bisher in dem Choral viele wunderliche variationes gemachet, viele frembde Thone mit eingemischet, daß die Gemeinde drüber confundiret worden.

Die Beschwerde, die hier geführt wird, gilt dem jungen Organisten der Gemeinde, Johann Sebastian Bach. Sein Orgelspiel und seine Technik, die Choräle einzuleiten und zu begleiten, müssen die Verantwortlichen zu höchsten Verwunderungen und Irritationen gebracht haben. Welche Choräle der Protokollauszug meint, wissen wir nicht. Es ist aber denkbar, daß etwa folgende Stelle aus dem Choral „O Mensch, bewein dein Sünde groß“ damals von Bach so gespielt worden ist. (Der Choral stammt aus dem „Orgelbüchlein“, welches Bach zwischen 1713 und 1716 anlegt, um die Kunst der Choralbearbeitung seinen Schülern weiterzugeben.)

Beispiel 1.1 – Bach, Choralvorspiel „O Mensch, bewein dein Sünde groß“ (BWV 622), Schluß

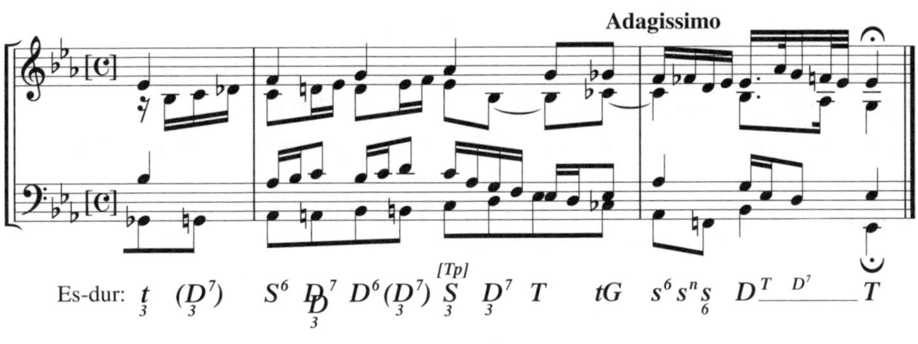

Die Wirkung dieser Schlußtakte mutet angesichts der klaren Es-dur-Tonalität des gesamten Chorals in der Tat ungeheuerlich an: die *chromatische Linie* des Basses, die Häufung von *Zwischendominanten* mit *Ellipsen* (vgl. „Kadenzbeispiele“ und Kapitel 2), vor allem aber die *Entfernte Terzverwandtschaft* (Ces-dur-Dreiklang unvermittelt nach Es-dur-Dreiklang – vgl. Kapitel 4) und der *neapolitanische Sextakkord as – ces – fes* (vgl. Kapitel 5) geben ein Bild der Bedrängnis und Düsternis wieder, welches so nur mit harmonischen Mitteln zu erzielen ist. Wen wundert, daß die Ohren eines Hörers um 1700 durch solcherart harmonische Gänge *confundiret*, also verwirrt worden sein müssen?

Zweite Station: Venedig und Neapel im Jahre 1770

In den Jahren 1770 und 1772 unternimmt der englische Musikgelehrte Charles Burney Reisen auf den europäischen Kontinent, um das dortige Musikleben kennenzulernen. Da er seine Ausflüge mit der Absicht verfolgt, der englischen Öffentlichkeit eine Beschreibung der vorgefundenen Verhältnisse zu liefern, haben wir das Glück, durch die „Tagebücher einer musikalischen Reise“ ein detailliertes Bild der Musik und der Musizierumstände des auslaufenden 18. Jahrhunderts zu besitzen. Zwei seiner Tagebucheinträge seien hier wiedergegeben.

Er sündigt mehr gegen das Genie als gegen die Gelehrsamkeit, denn seine Harmonie ist gut und seine Modulation regelmäßig und fehlerfrei, allein ich muß gestehn, daß seine Musik für mich langweilig war und Überdruß und Unzufriedenheit bei mir hinterließ ... (15. August 1770)

Die Modulation überraschte mich sehr; der Gang von a-Moll ins c und f war weder schwer noch neu; allein der von A-Dur in c-Moll war erstaunend fremd und das umso mehr, weil der Rückgang zu dem Haupttone so unmerklich war, daß er weder das Ohr beleidigte noch leicht zu entdecken war, auf welchem Wege oder durch welche Tonfolge er ging. (17. Oktober 1772)

Beide Konzertberichte sind mit Wertungen verbunden, die aus der Sicht des Verfolgens der Modulation vorgenommen werden (vgl. Kapitel 6). Eine musikalische Kritik unter dem Gesichtspunkt der *Wahl harmonischer Wendungen* anzubringen, war ein zu jener Zeit durchaus üblicher Vorgang: Modulation nach den Regeln der Gelehrsamkeit? Langweilig und überflüssig! Modulation als Schauplatz des Erfindungsreichtums, des Neuartigen? Reizvoll und interessant!
Die Tagebucheinträge beweisen, daß für die Ohren der damaligen Zeit Dinge harmonischer Art wichtig waren, die heute keine Rolle mehr spielen.

Dritte Station: Wien im Jahre 1824

Ein Anschlagzettel weist auf ein Konzert am Abend des 7. Mai 1824 hin:

Große musikalische Akademie von Herrn Ludwig van Beethoven. Die dabei vorkommenden Musikstücke sind die neuesten Werke des Herrn Ludwig van Beethoven ...

Drittens. Große Symphonie, mit im Finale eintretenden Solo- und Chorstimmen auf Schillers Lied „An die Freude“ ...

Die so angekündigte Uraufführung der 9. Symphonie Ludwig van Beethovens hatte dem tauben Meister am Konzerttage große Begeisterung entgegengebracht. Der 4. Satz dieser Symphonie mit dem populär gewordenen Hauptthema wird wie folgt eingeleitet:

Beispiel 1.2. – Beethoven, 9. Symphonie, 4. Satz, Beginn

Der im grellen Orchestertutti gespielte Klang läßt sich nur als *Tonikasextakkord mit hinzugefügter Sexte* deuten. Eine hinzugefügte Sexte in der Tonika? Der Akkord muß aufgefallen sein. Das bezeugt auch der Pressebericht über diesen Abend in der „Allgemeinen Musikalischen Zeitung“:

Einem niederschmetternden Donnerstreich vergleichbar kündet sich das Finale (d-Moll) mit der grelle durchschneidenden kleinen None über den Dominantakkord an ...

Wiederum richtet sich die Aufmerksamkeit des Berichtenden auf die Harmonik, hier auf Beethovens Besessenheit, mit scharfen Kontrasten das Hauptthema des Satzes einzuleiten. 33 Takte vor dem erstmaligen Erklingen dieses Hauptthemas steigert Beethoven den Effekt mit folgender harmonischen Wendung:

Beispiel 1.3. – Beethoven, 9. Symphonie, 4. Satz, Einleitung des Hauptthemas

Durch das Hinzufügen eines vollständigen verminderten Septakkordes zum Tonikasextakkord ergibt sich das Zusammentreffen zweier gegensätzlicher Akkorde mit dem klanglichen Ergebnis einer grellen Dissonanz. Der Sinn dieses ungewöhnlichen Vorgangs wird im anschließenden Rezitativ des Solobaritons vom Komponisten selbst erläutert: „O Freunde, *nicht diese* Töne! sondern laßt uns angenehmere anstimmen, und freudenvollere!"

Drei Stationen aus drei unterschiedlichen Epochen der Musikgeschichte, die beispielhaft aufzeigen, mit welch großer Aufmerksamkeit und hoher Sensibilität dem Parameter *Harmonik* begegnet wird. Die unterschiedlichen Hörgewohnheiten und -erfahrungen einer jeden Epoche bedingen auch einen jeweils anderen Zugang zu Neuerungen auf dem Gebiet der Harmonik.
Unter *Harmonik* verstehen wir im folgenden die *Dur-Moll-Tonalität*, also die akkordliche Basis jener Musik, die in der Epoche zwischen ca. 1600 und ca. 1900 anzusiedeln ist. Strukturen des Zusammenklingens von Musik dieses Zeitraums erkennend zu durchdringen und aufzuhellen, Details, aber auch Großzusammenhänge in ihrer Bedeutung für die Ausführung des jeweiligen Werkes aufzudecken – diesem Ziel ist das „Lehrbuch der harmonischen Analyse" verpflichtet.

Der Zusammenbruch der Dur-Moll-Tonalität zu Beginn des 20. Jahrhunderts, in dem neue, nun nicht mehr allgemein gültige, sondern ganz individuell ausgeprägte Kompositionstechniken ersonnen werden, verlangt jeweils eigene Analyseverfahren. Die in diesem Buch dargestellten Analysemethoden beschränken sich deshalb auf die Musik, welche bis zu jenem Zeitpunkt reicht, an dem die Einheitlichkeit der Tonsprache aufgegeben wird.
Harmonische Analyse darf sich jedoch nicht selbst genügen. Sie bleibt dann sinnlos, wenn nicht erkannt wird, daß mit ihr nur *ein* Parameter der Musik erfaßt wird. Harmonik als Baustein jedweder Musik verzahnt sich eng mit anderen Bausteinen wie Melodik, Metrik, Rhythmik und Form. Dennoch sollte man *eine* fest umrissene Methode an der Hand haben, um harmonische Analyse betreiben zu können. Dazu dient dieses Buch.
Daß in der Darstellung der Analysemethoden der sog. *Funktionstheorie* der Vorzug gegeben wird, hängt mit den klaren Vorteilen dieses Systems beim Erstellen einer übersichtlichen

Chiffrierung der gegebenen Musik zusammen. Es dürfen aber in diesem Zusammenhang zwei Aspekte nicht verschwiegen werden:
1. Die Funktionstheorie ist ein gegen Ende des 19. Jahrhunderts von Hugo Riemann erdachtes System, das die harmonisch immer komplizierter werdende Musik verständlich machen sollte. Weder Bach noch Mozart, noch Beethoven oder Bruckner sind beim Komponieren nach den Regeln der Funktionstheorie vorgegangen. Dennoch ist es legitim, ihre Musik mit diesem „Erklärungssystem" zu durchleuchten, da es *tonsprachliche Gemeinsamkeiten und Entwicklungen* der Zeit von 1600 an aufzuzeigen in der Lage ist.
2. Die Funktionstheorie stößt – ähnlich wie die Stufentheorie – dann an ihre Grenzen, wenn die Komposition aus dem fest umrissenen Beziehungssystem der Akkorde ausbricht (etwa bei „Sequenzen", vgl. Kapitel 2). In den einzelnen Kapiteln ist jeweils dargestellt, wie in diesen Fällen zu verfahren ist.

Im übrigen ist die hier vorgestellte Methode *eine* Möglichkeit, harmonische Analyse zu betreiben. Sie soll ausdrücklich zum eigenen Weiterarbeiten ermutigen. Eine erfolgreiche Arbeit mit dem Buch ist vor allem dann gegeben, wenn die in den Kapiteln eingerahmten *Zusammenfassungen* als notwendiger Wissenserwerb auswendig gelernt werden.
Die *Aufgaben* sind von ihrer Auswahl her auf die jeweils behandelte Thematik ausgerichtet und sollten nach dem Durcharbeiten eines Kapitels ohne Schwierigkeit gelöst werden können.
Um das Selbststudium mit dem Buch zu ermöglichen, sind die Aufgabentypen **A** im anhängenden Lösungsteil noch einmal mit der Angabe *eines* Lösungsmodells abgedruckt. (Häufig ergeben sich mehrere Möglichkeiten, harmonische Zusammenhänge zu deuten. Aus Platzgründen muß jedoch auf andere Lösungen verzichtet werden.)
Die Aufgabentypen **B** haben den gleichen Schwierigkeitsgrad und können – da ohne Lösungsvorschlag – etwa im Unterricht Verwendung finden.
Der Aufgabenbereich **C** nimmt Bezug auf eine Zusammenstellung von Musikwerken, die zielgerichtet weitere Veranschaulichungen des im jeweiligen Kapitel dargestellten Stoffes anbieten. Daß die Liste keinen Anspruch auf Vollständigkeit erhebt, sei dabei nur am Rande vermerkt. Es sind Werke, die zum gängigen Repertoire in der Ausbildung gehören und beim Laienmusizieren, in der Hausmusik und (vor allem!) im öffentlichen Konzertleben eine gewichtige Rolle spielen. Ich vertraue darauf, daß der Leser einen Großteil dieser Werke entweder besitzt oder daß sie ihm zumindest greifbar sind. Die abgedruckten Notenbeispiele können immer nur Ausschnitte sein, die dazu anregen sollen, sich mit dem *gesamten* Satz oder Werk vertraut zu machen! Dazu gehören auch das Hören und gleichzeitige Mitlesen der Werke; denn Analyse kann nicht bedeuten, im detailorientierten Auffinden einiger interessanter harmonischer Wendungen zu verharren: Nur wer nach dem Zerlegen musikalischer Strukturen den Zusammenhang wiederherstellt, darf von sich behaupten, Musik wirklich geistig durchdrungen zu haben!

2. Die Grundlagen

I. Voraussetzungen

Die Kenntnis grundlegender Vorgänge innerhalb der Dur- und der Mollkadenz (vgl. „Kadenzbeispiele“) ist notwendige Voraussetzung für das erfolgreiche Durcharbeiten der einzelnen Kapitel dieses Buches.
Der nachfolgende Überblick faßt deshalb die wesentlichen harmonischen Phänomene des Dur- und des Mollgeschlechts in Ausschnitten aus Chorliedern der Romantik zusammen. Beim Studieren dieser Beispiele (lesen – spielen – hören!) ist besonderes Augenmerk auf die Beschaffenheit der Funktionssymbole zu legen. Sie vermitteln einen Einblick in die Grundsätze des Bezeichnungssystems und sollten bis in alle Einzelheiten restlos nachvollzogen werden können.

Beispiel 2.1. – Carl Loewe, „Tod, Sünd, Leben und Gnad“

Beispiel 2.2. – Ernst Friedrich Richter, Adventslied

Beispiel 2.3. – Reger, „Herr, führe mich“

II. Harmoniefremde Töne

Die Beispiele 2.1. bis 2.3. weisen ein harmonisches Satzbild auf, das in dieser Übersichtlichkeit nur selten vorkommt. Vor allem die *harmoniefremden Töne* entziehen sich der akkordischen Einordnung und beleben mit ihren Bewegungsabläufen den Satz.
Man unterscheidet:
1. harmoniefremde Töne auf *leichter* Taktzeit (Durchgänge, Wechselnoten, Vorausnahmen, Nebennoten),
2. harmoniefremde Töne auf *schwerer* Taktzeit (Vorhalte).

Bei der Analyse von Bachschen Choralsätzen ist streng darauf zu achten, ob harmoniefremde Töne die Funktion lediglich trüben oder ob sie durch ihren dichten Bewegungsablauf einen Funktionswechsel herbeiführen und dadurch ihre ursprüngliche Bedeutung verlieren. In Beispiel 2.4. (langsam spielen, singen und hören!) sind beide Vorgänge zu beobachten; die harmoniefremden Töne sind mit ○ gekennzeichnet.

Beispiel 2.4. – Bach, Choral „Auf, auf, mein Herz“ (BWV 268)

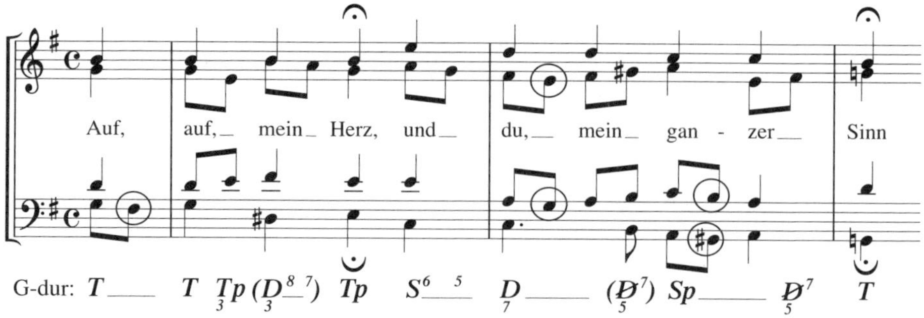

III. Melodisch motivierte Chromatik

Die strenge *Diatonik*, d. h. die ausschließliche Verwendung leitereigenen Materials auch bei den harmoniefremden Tönen, wird in der Klassik gerne zugunsten der *Chromatik* durch Einbeziehung von tonart-trübenden Versetzungszeichen aufgeweicht. Die so herbeigeführte *melodisch motivierte Chromatik* kann den Funktionswert der Akkorde weiter trüben, aber nicht aufheben.

Beispiel 2.5. – Melodisch motivierte Chromatik

Diatonisches Urmodell

chromatisch verändert

Da harmonische Analyse vor allem Klarheit schaffen soll, wird empfohlen, auf die Chiffrierung von harmoniefremden Tönen, die die Harmonik unangetastet lassen, zu verzichten. Andernfalls würden die Funktionssymbole mit Zusatzinformationen überlastet und damit unübersichtlich werden. Lediglich Vorhaltsbildungen sollte man bezeichnen, da diese mit der Harmonie gleichzeitig auftreten, sie also stark beeinflussen.

Beispiel 2.6. – Mozart, Klaviersonate C-dur (KV 330), 3. Satz

IV. Liegende Stimmen

Bleibt ein Akkordton über einen längeren Zeitraum liegen oder wird er regelmäßig auf metrisch betonter Taktzeit wiederholt, spricht man von „liegender Stimme". Die kadenzielle Entwicklung braucht dabei keine Rücksicht auf den Liegeton zu nehmen; oft ist ein völlig autonomes Eigenleben der restlichen Stimmen zu beobachten. Die liegende Stimme wird für die Dauer ihres Erklingens mit einem Längsstrich kenntlich gemacht.

Beispiel 2.7. – Mozart, Klaviersonate F-dur (KV 332), 1. Satz

Beispiel 2.8. – Schumann, „Schnitterliedchen"

Der Regelfall der liegenden Stimme ist das Festhalten des Baßtones, meist des Funktionsgrundtones. Dieser sog. „Orgelpunkt" hat seinen Ursprung in Musizierformen des mittelalterlichen *organum* (lat. = Werkzeug, von griech. *órganon*). Das auf mittelalterlichen Instrumenten übliche Festhalten von Tönen oder Einhalten bestimmter Intervalle wurde vom späten 9. Jahrhundert an auf die Singpraxis übertragen. Im 16. und 17. Jahrhundert findet sich dieser Orgelpunkt in der Orgelmusik wieder. Häufig ist hier zu beobachten, daß die Komponisten einen lang ausgehaltenen Pedalton als „liegenden Effekt" nutzen, um harmonische Kräfte aufzustauen, die meist in einer die Tonika bekräftigenden Kadenz aufgefangen werden.

Beispiel 2.9. – Bach, Präludium und Fuge c-moll (BWV 546), Schluß der Fuge

Man studiere (höre!) folgende Literaturausschnitte, in denen die harmonische Reizwirkung durch die Koppelung des Orgelpunktes mit den davon unabhängig schreitenden Harmonien besonders offenbar wird:

Bach, Matthäuspassion: die Einleitungstakte des Eingangschores
Bach, Fantasie und Fuge g-moll (BWV 542): die ersten Takte der Fantasie
Brahms, Ein deutsches Requiem, 3. Satz: die Chorfuge von Takt 173 an

Seltener anzutreffen dagegen ist das Verharren auf einem Liegeton in einer der Oberstimmen des Satzes – meist der obersten Stimme. Auch in diesen Fällen liegt der Reiz darin, daß das harmonische Geschehen im Umfeld dieser „liegenden Stimme“ keinerlei Rücksicht auf den gehaltenen Ton nehmen muß (vgl. auch in Beispiel 2.9. den Anfangston *f* in der Oberstimme!).

Beispiel 2.10. – Schubert, „Geheimnis“ (liegende Stimme: *c*)

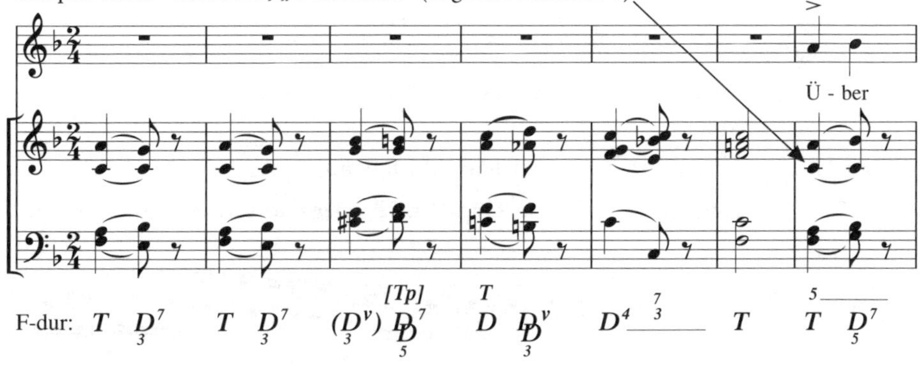

V. Sequenzen

Der Begriff *Sequenz* ist melodischen Ursprungs. Das konsequente, mindestens zweimalige Wiederholen (d. h. das dreimalige Erklingen) einer bestimmten Tonfolge auf einer anderen Stufe der Tonleiter in einem festgelegten Intervallabstand gehört mit zu den statischen Urkräften des melodischen Satzbaus. Dabei kann eine derartige *melodische Sequenz* steigen, fallen oder beides kombinieren.

Beispiel 2.11. – *Steigende* Sequenz: Händel, Der Messias, Chor Nr. 15 „Ehre sei Gott"

Beispiel 2.12. – *Fallende* Sequenz: Händel, Der Messias, Chor Nr. 39 „Auf, zerreißet"

Beispiel 2.13. – *Kombinierte* Sequenz (steigend / fallend):

Händel, Der Messias, Chor Nr. 12 „Denn uns ist ein Kind geboren"

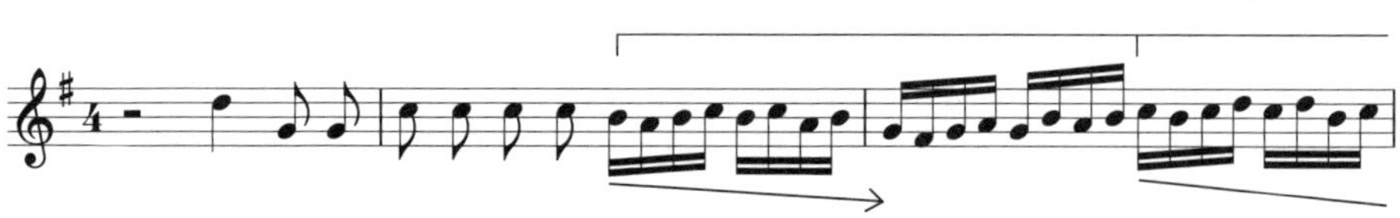

Harmonische Sequenzen, die ständige Wiederholung eines Akkordmodells, stehen oft im Gefolge eines melodischen Keims. Sie haben nicht selten einen kompositorischen Eigenwert. Dieser ist namentlich im Generalbaßzeitalter eines der wesentlichen Konstruktionsmerkmale für den mehrstimmigen Bau der Musik.

Beispiel 2.14. – Harmonische Sequenzen: Händel, Der Messias, Arie Nr. 2 „Alle Tale" (gekoppelt mit melodischen Sequenzen im Tenor!)

Die Eigengesetzlichkeit der Sequenz, die ständige Wiederholung eines Akkordmodells, setzt die Funktionsbeziehungen außer Kraft: wie eine Spirale gewinnt der harmonische Gang infolge seiner Gleichförmigkeit eine Eigendynamik, die ein Wiedereinsetzen funktionaler Kadenzkräfte nach Beendigung des Sequenzvorganges erforderlich macht.
Das mit Abstand am häufigsten verwendete Sequenzmodell ist dabei die sog. „Quintfallsequenz", die den harmonischen Gang – der Erdanziehung vergleichbar – abwärts führt und deren eigentliche Spannung in der Beantwortung der Frage liegt, wie und wann der Komponist sich dem Gravitationsfeld der Sequenz entzieht und zur Tonika zurückkehrt.

Man unterscheidet:
1. *tonale* Sequenzen, die mit leitereigenem, diatonischem Material gestaltet werden und zum tonalen Ausgangspunkt zurückkehren, und
2. *reale* Sequenzen, die einen einmal gewählten Intervallabstand des Wiederkehrens tongetreu beibehalten und deshalb aus der Tonart herausführen.

Beispiel 2.15. – *Tonale* Quintfallsequenz

Beispiel 2.16. – *Reale* Quintfallsequenz

G C F B Es As Des Ges Ces Fes Heses Eses

Durch das Entstehen eines eigenen Gravitationsfeldes mit der Folge des Verlustes an Funktionalität wird eine Bezeichnung von harmonischen Sequenzen mit Funktionssymbolen sehr oft unsinnig. Als „Ersatz" dient in solchen Fällen die sog. *Tonartbezeichnung*, die sich nach dem Akkordgrundton richtet und an deren Anordnung das Modell der Sequenz schnell sichtbar werden kann (vgl. Beispiel 2.15.: Quintreihung!).
Zwei Ausschnitte aus dem Klavierwerk Chopins sollen zeigen, daß die Grenzen zwischen tonalen und realen Sequenzen oft fließend sind. Beispiel 2.17. demonstriert eine Unterbrechung des realen Sequenzmodells: am Anfang des vierten Taktes wird *des* erwartet, Chopin setzt mit dem Baßton *d* aber ein eindeutiges Zeichen zur Rückkehr nach B-dur.

Beispiel 2.17. – Chopin, Mazurka op. 17 Nr. 1

B-dur: $\not{D}^7$ ——— D^7 $B^7\,Es^7\,As^7$ $(s^5_6$ $D^7)$ $\not{D}^7$ D^7 $(D^7) \rightarrow s$

In Beispiel 2.18. wird die Unterbrechung des Sequenzmodells noch unsanfter vollzogen: am Beginn des sechsten Taktes wird Ces-dur erwartet; stattdessen entzieht sich Chopin der spiralförmigen Sogwirkung des realen Sequenzmodells mit der aparten, unerwarteten Wendung nach C-dur, der Doppeldominante des Ausgangspunktes.

Beispiel 2.18. – Chopin, Mazurka op. 67 Nr. 2

> *ZUSAMMENFASSUNG*
>
> Als Ergänzung zu den Grundlagen der Harmonielehre und als Vorbereitung der ersten harmonischen Analysen sollte man sich einprägen:
> 1. *Harmoniefremde Töne* müssen bei der Analyse zwar erkannt, aber – mit Ausnahme der Vorhaltsbildungen – nicht in die Funktionsbezeichnung einbezogen werden.
> 2. *Liegende Stimmen* werden durch einen Längsstrich des betreffenden Akkordtones für die Dauer ihres Erklingens kenntlich gemacht.
> 3. *Harmonische Sequenzen* setzen mit ihrem spiralförmigen Magnetfeld die Funktionalität der Akkordfolgen außer Kraft. In solchen Fällen orientiert sich die harmonische Analyse am Namen des Akkordgrundtones.

VI. Grundsätze für das Anfertigen einer harmonischen Analyse

1. Der Notentext ist – gegebenenfalls mehrfach und zunächst langsam – zu *spielen*. Hierbei sollte auf die Akzentuierung der betonten Zählzeiten geachtet werden.
2. Durch das Mithören beim Spielen wird die syntaktische Gliederung der Komposition erhellt. Es ist also zu fragen: Welche Abschnitte faßt der Komponist durch ein funktionales Zentrum zusammen, und welche Tonarten legt er diesen Abschnitten zugrunde?
3. *Harmonische Felder*, d. h. *ganztaktig-flächige* Stellen, sollten – je nach Tempo – zu einer Funktionseinheit zusammengefaßt werden.

Beispiel 2.19. – Harmonische Felder: Schumann, „Fröhlicher Landmann“

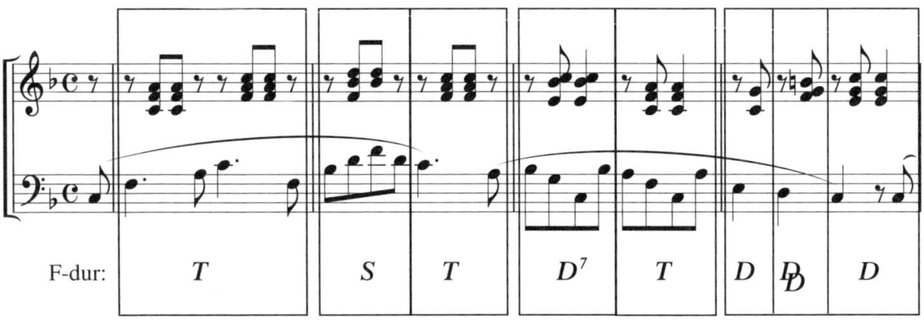

4. Die Vorgehensweise bei der Funktionskennzeichnung sollte sein: Grundtonbestimmung – Baßtonbestimmung – weggelassene Akkordtöne – charakteristische Zusatztöne – Vorhaltsbildungen.
5. Einstimmige Passagen oder Auftakte bleiben zunächst unbezeichnet – sie können bei einer eingehenden Analyse kommentiert werden (vgl. auch Kapitel 7).
6. Oberster Grundsatz des Bezeichnungssystems muß sein, die *dienende Funktion* der harmonischen Analyse zu beachten, d. h. die *Erhellung des Harmonischen* mit knappen und übersichtlichen Mitteln zu gewährleisten.
7. In Zweifelsfällen sollte immer das *Ohr* entscheiden.
8. Nach dem Anfertigen einer harmonischen Analyse kann auf weitere wichtige Merkmale der Komposition wie *formale Gestaltung*, *melodisch-harmonische Querverbindungen* usw. eingegangen werden. Vor allem aber sollte immer wieder die Frage nach der *Besonderheit* des vorliegenden Notentextes in *harmonischer Hinsicht* gestellt werden, indem der analysierte Ausschnitt der Komposition in Relation zu seinem historischen Umfeld gesetzt wird.

Beispiel 2.20. – Harmonische Analyse: Beethoven, 1. Symphonie, 1. Satz

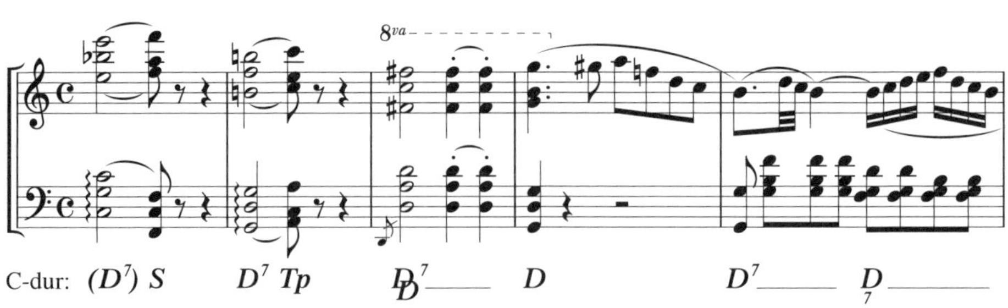

Anmerkungen: Die harmonische Besonderheit dieser Einleitungstakte liegt in der Verzögerung der Tonika C-dur. Ein symphonisches Werk um 1800 mit einem Zwischendominantseptakkord zur Subdominante zu beginnen (C-dur-Septakkord vor F-dur), muß als recht kühn angesehen werden, wobei das Bemühen um die Verschleierung des tonalen Zentrums allerdings eine häufig zu beobachtende Absicht langsamer Einleitungen ist.

Beispiel 2.21. – Harmonische Analyse: Schumann, „Nordisches Lied“

Anmerkungen: Die Buchstaben *g – a – d – e* („Gade“, gemeint ist der dänische Komponist *Niels W. Gade*, dem Schumann dieses Stück gewidmet hat) bilden als Tonfolge das melodische Kernmotiv des Satzes. Die Tonfolge wird auf andere Stufen versetzt (┌────────┐), erscheint aber auch in der Umkehrung, d. h. Spiegelung (= Umkehrung der Intervalle) (┌ - - - - - - - - ┐). Schumanns Absicht scheint es gewesen zu sein, seinem Freund und Komponistenkollegen Möglichkeiten der harmonischen Variationsfähigkeit seines Namens aufzuzeigen.

Aufgabe 2.A. – Brahms, Ein deutsches Requiem, 1. Satz (Chor)

Aufgabe 2.B. – J. G. Rheinberger, Requiem in Es, „Introitus“

Aufgabenbereich 2.C.:

Bach, Weihnachtsoratorium, daraus:
Choral Nr. 12 „Brich an, du schönes Morgenlicht"
Choral Nr. 17 „Schaut hin! dort liegt im finstern Stall"
Choral Nr. 59 „Ich steh an deiner Krippen hier"
Bach, Matthäuspassion, daraus:
Choral Nr. 3 „Herzliebster Jesu, was hast du verbrochen"
Choral Nr. 10 „Ich bins, ich sollte büßen"
Choral Nr. 17 „Ich will hier bei dir stehen"
Choral Nr. 37 „Wer hat dich so geschlagen"
Schubert, „An die Musik"
„Mit dem grünen Lautenbande" (aus: Die schöne Müllerin)
„Wasserfluth" (aus: Winterreise)
Moment musical (D 780 Nr. 3)
Schumann, „Winterszeit I" (aus: Album für die Jugend)

3. Erweiterte Tonalität

Die Grenzen zwischen den Tongeschlechtern sind immer fließend gewesen. Nicht nur vermischten sich bis zu Beginn der dur-moll-tonalen Epoche Elemente der Kirchentonarten untereinander; auch nach 1600 kam es immer wieder zur gegenseitigen Durchdringung der einander scheinbar so polarisierend gegenüberstehenden Tongeschlechter Dur und Moll.

I. Beeinflussung des Moll durch das gleichnamige Dur

Die Vorgänge in Moll zeigen, daß die *Dur*dominante (*D*) im Harmonischen Moll und die *Dur*subdominante (*S*) im Melodischen Moll an die Stelle der ursprünglichen Mollklänge (*d* und *s*) treten können. Überdies ist eine klangliche Erweiterung neben der Doppel-*dur*dominante (*DD*) vor allem in der doppelten *Dur*subdominante (*SS*) zu sehen.

Die Doppel*moll*subdominante (*ss*) hat ihren Ursprung im Phrygischen (vgl. Beispiel 3.1.), während die Doppel*dur*subdominante (*SS*) auch als – leitereigene – Molldominantparallele (*dP*) aufgefaßt werden kann.

Beispiel 3.1. – Phrygische Tonleiter: Doppelsubdominante in Moll

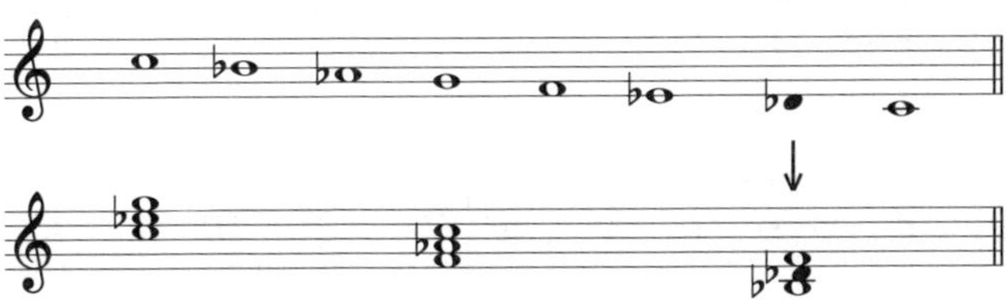

c-moll: *t* *s* *ss*

Als Abschlußakkord wird namentlich in der Musik des Generalbaßzeitalters gerne die *Dur*tonika (*T*) gesetzt (*pikardische Terz*).
Somit sind folgende Funktionen schon seit 1600 als in Moll durchaus üblich anzusehen:

Beispiel 3.2. – Klangerweiterung des Moll

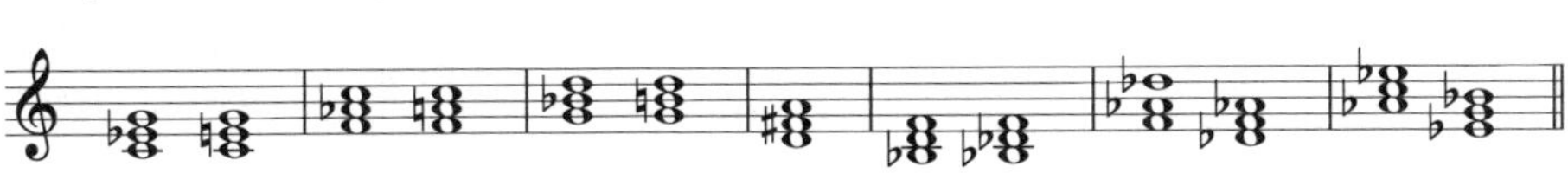

c-moll: *t* *T* *s* *S* *d* *D* *DD* *SS* *ss* s^n s^N *tG* *tP*

Beispiel 3.3. – Bach, Matthäuspassion, Choral Nr. 62 „Wenn ich einmal soll scheiden“

Dieser von Bach in der „Matthäuspassion“ fünfmal zitierte Choral hat als Grundtonart e-Phrygisch. Da Phrygisch keine Dominante aufweist (der Klang auf der V. Stufe wäre in e-Phrygisch ein *verminderter* Dreiklang, also *h – d – f*), harmonisiert Bach den Choral in der quintverwandten Tonart a-moll (***t***), wobei die Paralleltonart C-dur (***tP***) als gleichberechtigt dazutritt.

Zu beachten ist die harmonisch kühne, von Chromatik und Ellipsen durchsetzte Stelle „Wenn mir am allerbängsten“.

Beispiel 3.4. – Ausschnitt aus: „Wenn ich einmal soll scheiden“

„Tonarten“: *a H e F G C f C*

Funktionen: $t \quad (\not{D}^{8\,7}_{3}) \quad d \quad (\not{D}_{7}) \left\{ \begin{matrix} [s^{G}] \\ \not{D}^{7}_{5} \end{matrix} \right. \quad (\not{D}^{7}_{3}) \quad s^{4\,3} \} \quad tP$

Die „Bangigkeit“ äußert sich zum einen in der Linienführung des Basses (Bachs eigener Stimmlage, er nimmt also Anteil!) mit der an die Grenze gehenden Singbarkeit, zum anderen in einem fast direkten Aufeinanderprallen der im Tritonusabstand (6 Quinten Distanz!) auseinanderstehenden Akkorde H-dur und F-dur: ein Beleg dafür, wie stark in den Bachschen Choralsätzen die Harmonisierung vom vertonten Text geleitet wird.
Die harmonische Analyse zeigt, daß es dennoch möglich ist, diese Harmoniefolge auf den tonalen Kern des Satzes (a-moll bzw. C-dur) zu beziehen.

II. Beeinflussung des Dur durch das gleichnamige Moll

Weitaus umfangreicher sind harmonische Elemente, die aus *Moll* in das gleichnamige *Dur* fließen.
So kommt es – je nach historischer Situation unterschiedlich stark ausgeprägt – schon früh zur Einbeziehung der *Moll*subdominante in Dur (*s*), was zur Folge hat, daß auch deren Ableitungsklänge wie der neapolitanische Sextakkord (s^n) oder die Doppel*moll*subdominante ($\mathbb{S}$) verwendet werden können.

Beispiel 3.5. – Mollsubdominanten in Dur

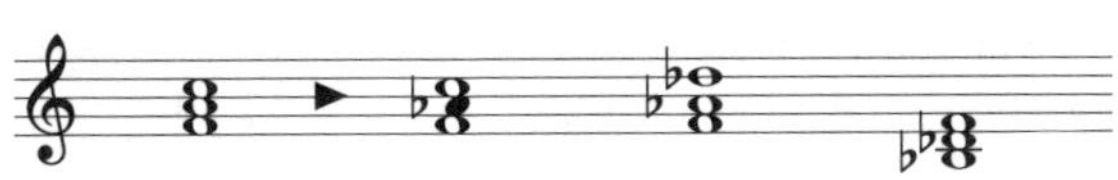

C-dur: *S s* s^n $\mathbb{S}$

Beispiel 3.6. – Bach, Weihnachtsoratorium, Choral Nr. 33
„Ich will dich mit Fleiß bewahren“

G-dur: $T \quad S \quad \not{D}_{7} \quad T_{3} \quad (Tp \quad s^{5\,6}_{3} \quad D^{T\,D}) \quad S$

Beispiel 3.7. – Brahms, Chorsatz „In stiller Nacht“, Beginn

Es-dur: T s^{6}_{5} T______ s^{6}_{5} T______

Beispiel 3.8. – Brahms, 4. Symphonie, 2. Satz, Thema

E-dur: T $D^{7\;9-8}_{3}$ T $s^{6\;\;5}_{4\;\;3}$ T $s^{6\;\;5}_{4\;\;3}$ T

Die Beispiele von Johannes Brahms stehen stellvertretend für die Emanzipation und die Bevorzugung der Mollsubdominante in Dur als *Gegenpol* zu einer Betonung des *Dominantischen* im 19. Jahrhundert. Man beachte auch, wie Brahms im Hauptthema des 2. Satzes seiner 4. Symphonie durch den Vorhaltston *d* (*) ein kirchentonales Element einführt: der Ton *d* ist die mixolydische Septime in E-dur.

Beispiel 3.9. – Einbeziehung des neapolitanischen Sextakkordes in Dur:
Brahms, Ein deutsches Requiem, 2. Satz (Chor)

B-dur: T Tg T S______ $(D^7$____$)$ $[S]$ s^n______ $\overset{T}{D}$______ $\overset{D^v}{D}$ D^4______ $^{7}_{3}$ T

Die *Doppeldur*subdominante (S̤) ist ein Relikt der Kirchentonart Mixolydisch, sie kann aber auch als Parallele der Molldominante (***dP***) aufgefaßt werden; dies setzt allerdings voraus, daß die Molldominante (***d***) selber in Dur Eingang findet, was vornehmlich in der Musik des späten 19. Jahrhunderts der Fall ist.

Beispiel 3.10. – Herleitung der Doppelsubdominante in Dur

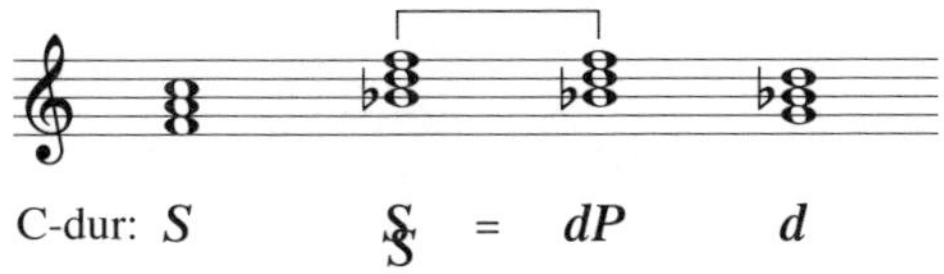

Beispiel 3.11. – Einbeziehung der Molldominante und der Doppelsubdominante in Dur: Brahms, Ein deutsches Requiem, 6. Satz (Chor)
(Die Molldominante in Takt 343 wird durch die Doppelsubdominante in Takt 341 vorbereitet.)

Beispiel 3.12. – Orlando di Lasso, „Matona mia cara“

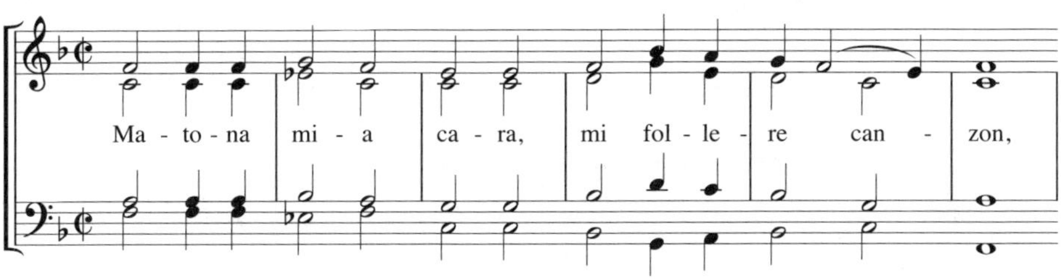

Der Anfang des „Landsknecht-Ständchens“ ist ein besonders markantes Beispiel für die Durchdringung der Tongeschlechter und die Beibehaltung archaischer, hier mixolydischer Wirkungen: in einer eindeutigen F-dur-Kadenz stehen die Töne *es* (Takt 2) und *e* (Takt 3) dicht beieinander. Solcherart *harmonisches Schweifen* ist zur Bachzeit unüblich geworden.
Eine wesentliche Erweiterung erfährt das Akkordmaterial in Dur durch die Einbeziehung der aus Moll stammenden Trugschlußwendung: nimmt man den Akkord der VI. Tonleiterstufe statt aus Dur aus Moll (in C-dur also statt des Tones *a* den Ton *as*), so erscheint anstelle von ***Tp*** (a-moll) der ***tG*** (As-dur). Die Folge *Dur*dominante – *Moll*tonikagegenklang (***D – tG***) in Dur wird deshalb auch *vertauschter Trugschluß* genannt. Die so gewonnene Form des Trugschlusses entwickelt sich von der Blütezeit der Klassik an zur häufig angewandten Kadenzformel, die beim Hörer einen besonders nachhaltigen Effekt des „Betruges“ erzeugt.

Beispiel 3.13. – „Vertauschter Trugschluß“ – ***tG*** statt ***Tp*** in Dur:
Mozart, Entführung aus dem Serail, 3. Akt, Arie des Osmin

Häufig findet auch eine „Eintrübung“ des Dur durch die Verwendung der *Moll*tonika (*t*) statt. Schon die Klassik bedient sich gerne dieser Möglichkeit der Klangerweiterung – für den Hörer eine ebenso leicht nachvollziehbare wie aparte Wendung (vgl. Beispiel 3.14.).

Beispiel 3.14. – Schubert, Moment musical (D 780 Nr. 1), Beginn

ZUSAMMENFASSUNG

Unter „Erweiterter Tonalität“ versteht man die seit Beginn der dur-moll-tonalen Epoche zu beobachtende Neigung, die Tongeschlechter nicht strikt auseinanderzuhalten. Stattdessen wird im Sinne einer stets sich weiterentwickelnden Harmonik darauf hingewirkt, daß Klänge aus den jeweiligen Tongeschlechtern sich miteinander vermischen. Der Zusammenhalt der solcherart gewonnenen klanglichen Erweiterung wird gewährleistet durch die Einhaltung des gemeinsamen *tonalen Zentrums* (***T*** oder ***t***).

Beispiel 3.15. – Harmonische Analyse: Schütz, Matthäuspassion, Schlußchor

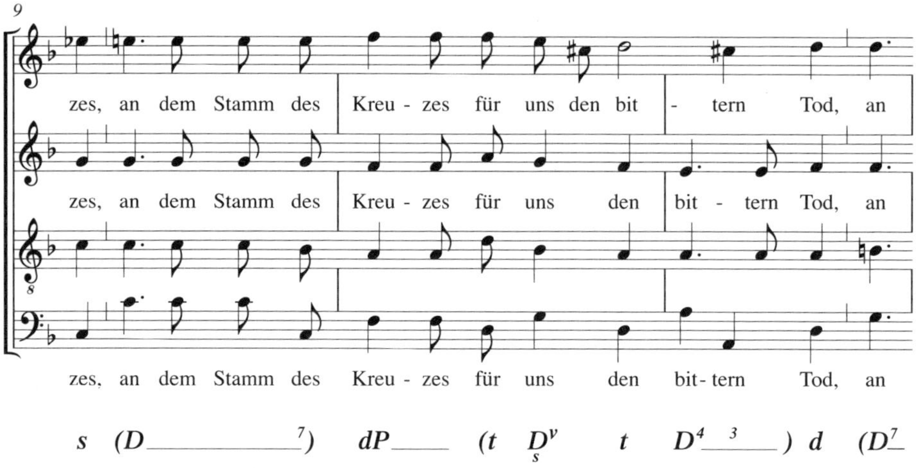
9
zes, an dem Stamm des Kreu - zes für uns den bit - tern Tod, an
zes, an dem Stamm des Kreu - zes für uns den bit - tern Tod, an
zes, an dem Stamm des Kreu - zes für uns den bit- tern Tod, an
s (D 7) dP (t D v s t D 4 3) d (D 7

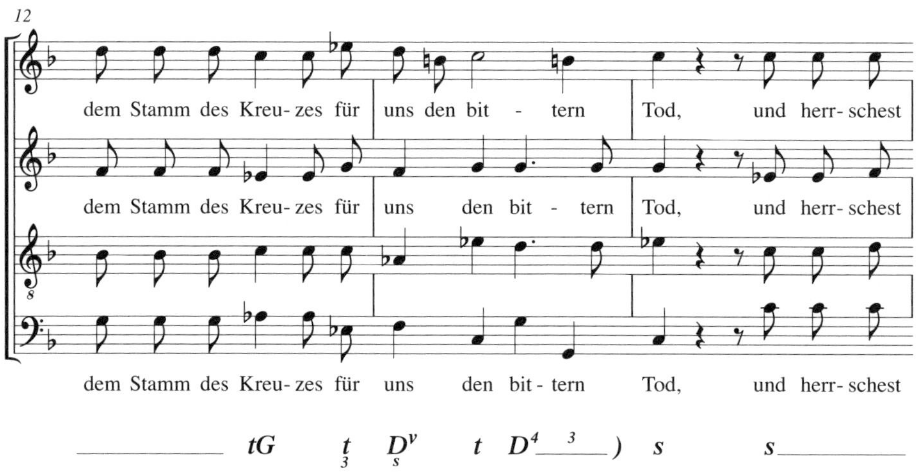
12
dem Stamm des Kreu- zes für uns den bit - tern Tod, und herr- schest
dem Stamm des Kreu- zes für uns den bit - tern Tod, und herr- schest
dem Stamm des Kreu- zes für uns den bit- tern Tod, und herr- schest
tG t 3 D v s t D 4 3) s s

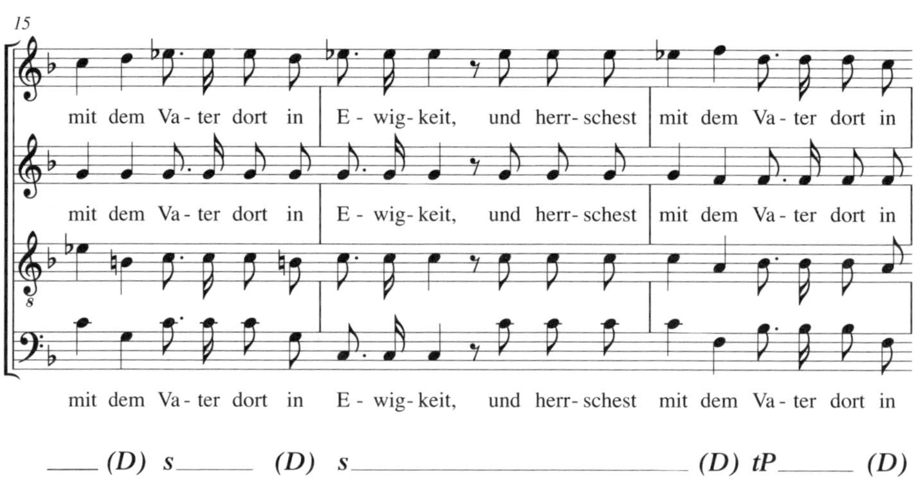
15
mit dem Va - ter dort in E - wig- keit, und herr- schest mit dem Va - ter dort in
mit dem Va- ter dort in E - wig- keit, und herr- schest mit dem Va - ter dort in
mit dem Va - ter dort in E - wig- keit, und herr- schest mit dem Va - ter dort in
(D) s (D) s (D) tP (D)

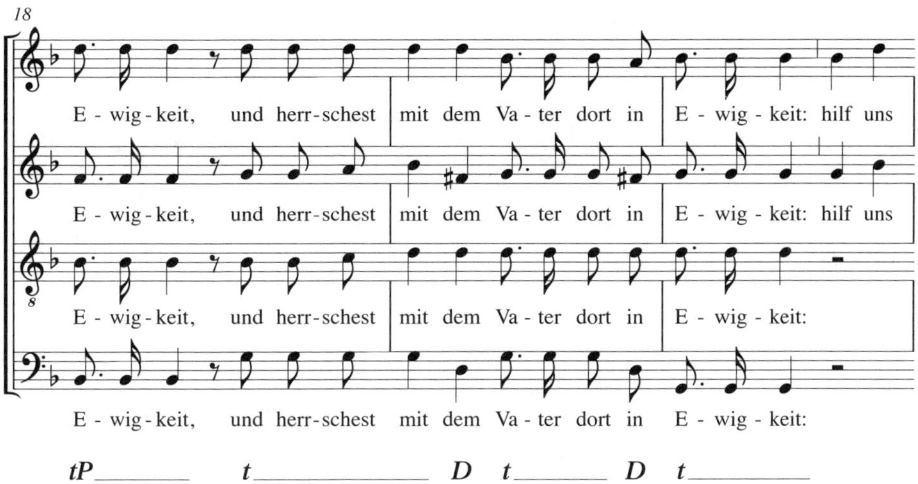

Anmerkungen: Der Chorsatz „Ehre sei dir Christe" beschließt die „Matthäuspassion" für Chor a cappella und Solostimmen von Heinrich Schütz – ein Alterswerk des 1672 verstorbenen Meisters. Die Besonderheit dieses Chorsatzes liegt in dem Wagemut Schützens, mit manchen harmonischen Wendungen weit über seine Zeit hinauszugehen und manches erst später für typisch Gehaltenes vorwegzunehmen. Die Vorzeichnung des Satzes (ein ♭) ist die von g-Dorisch (der Grundtonart des nach alten Vorlagen verfaßten Evangelienberichtes), die Tonika des Chorsatzes ist dagegen g-moll (Beweis: das häufig verwendete *es*). Die Form des in Takt 3 zu findenden Dominantseptakkordes (mit der Vorausnahme der Tonikaterz *b*) gemahnt an die hochbarocke, eher instrumentale Tonsprache Händels oder Bachs (vgl. auch die Kadenzformel in Takt 7). Die Kadenzanordnung in den Takten 4 und 5 mit den Großseptklängen (S^7und tG^7), der chromatischen Aufwärtsführung im Baß und dem Vorhaltsquartsextakkord zum Tonikagegenklang ist dagegen eine eher „klassisch" anmutende Formel. Sehr ungewöhnlich für die Tonsprache zur Schützzeit ist auch der breite, ausladende Dominantseptakkord zur Subdominante mit der Trugschlußwendung nach As-dur (Takte 11 und 12). Zwar hat As-dur die Funktion eines Stellvertreters zu c-moll; doch verhält es sich zum tonalen Zentrum g-moll insgesamt „neapolitanisch".

Aufgabe 3.A. – Reger, „Nun sich der Tag geendet hat"

Aufgabe 3.B. – Brahms, Ein deutsches Requiem, 6. Satz (Chor)

Aufgabenbereich 3.C.:

Schubert, „Der König in Thule“ (D 367)
„Der Tod und das Mädchen“ (D 531)
„Das Wirtshaus“ (aus: Winterreise)
Brahms, Ein deutsches Requiem, 6. Satz, T. 3–16 (Chor)

4. Entfernte Terzverwandtschaften

Quintverwandtschaften sind das statische Grundmuster der Musik zwischen 1600 und 1900. Ohne die in den Kadenzformeln ***T* – *S* – *D* – *T*** bzw. ***t* – *s* – *D* – *t*** vorzufindende Eigenschaft der *Haupt*dreiklänge, die Tonart zu festigen und zu bekräftigen, wäre der Parameter „Harmonik“ in der Musik instabil.
Terzverwandtschaften erweitern mit ihren *Neben*dreiklängen den Kadenzraum, indem sie eine klangliche Bereicherung durch die *Polarität* der Tongeschlechter hervorrufen: in *Dur* sind die Nebendreiklänge „mollar“ (also Molldreiklänge), in *Moll* sind sie „dural“ (also Durdreiklänge).
Das Prinzip der *leitereigenen* Terzverwandtschaften beruht dabei auf zwei Wesensmerkmalen:
1. Die Grundtöne der Haupt- und der Nebendreiklänge stehen im Abstand einer *Terz* zueinander („Terzverwandtschaften“).
2. Haupt- und Nebendreiklang haben *zwei gemeinsame Töne* – der Verwandtschaftsgrad wird deshalb als sehr nah empfunden.

Beispiel 4.1. – Leitereigene Terzverwandtschaften

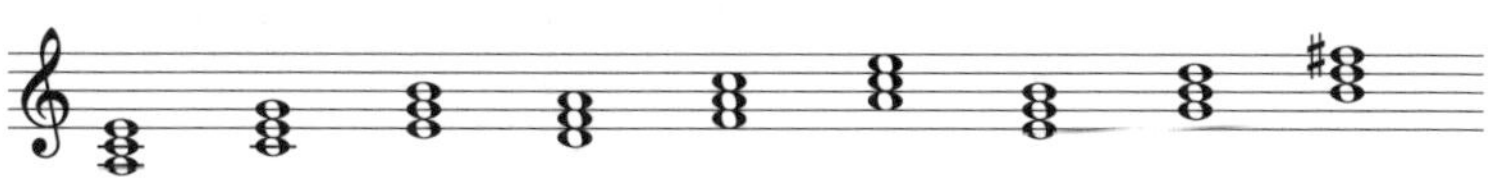

C-dur: *Tp* *T* *Tg* *Sp* *S* *Sg* *Dp* *D* *Dg*

c-moll: *tG* *t* *tP* *sG* *s* *sP* *dG* *d* *dP*

I. Entfernte Terzverwandtschaften 1. Grades

Das Bemühen der Komponisten um jenen Wesensteil der Tonsprache, der vom Prinzip der „Sinnlichkeit des Klangs“ geleitet ist, führt dazu, den starren Verwandtschaftsgrad *zweier* gemeinsamer Töne aufzugeben. Erreicht wird dies durch den *Wechsel des Tongeschlechts* des leitereigenen Nebendreiklangs mit Hilfe eines Versetzungszeichens: aus dem ursprünglich *mollaren* Nebendreiklang wird ein *Dur*dreiklang, aus dem ursprünglich *duralen* Nebendreiklang wird ein *Moll*dreiklang.
Eine solche durch das Versetzungszeichen hervorgerufene *Entfernung vom tonalen Zentrum* hat zur Folge, daß Haupt- und Nebendreiklang nur noch *einen* gemeinsamen Ton haben – der Verwandtschaftsgrad wird loser.

Beispiel 4.2. – Leitereigene Terzverwandtschaften und Entfernte Terzverwandtschaften 1. Grades im Vergleich

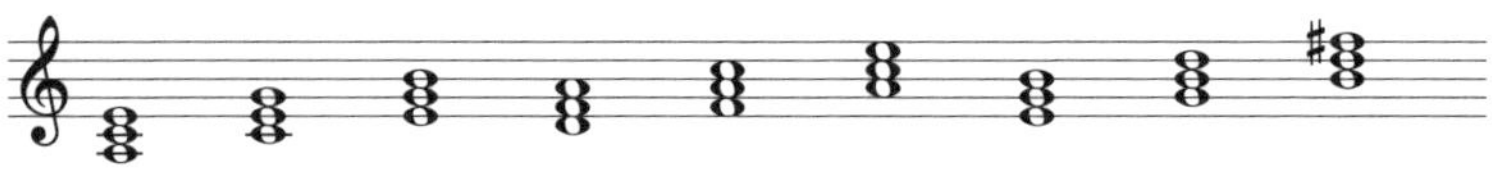

Leitereigen: *Tp* *T* *Tg* *Sp* *S* *Sg* *Dp* *D* *Dg*

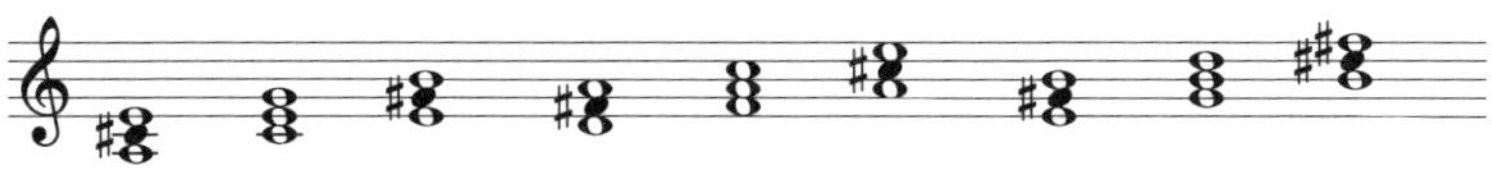

1. Grades: *TP* *T* *TG* *SP* *S* *SG* *DP* *D* *DG*

Leitereigen: *tG* *t* *tP* *sG* *s* *sP* *dG* *d* *dP*

1. Grades: *tg* *t* *tp* *sg* *s* *sp* *dg* *d* *dp*

Das Prinzip der Funktionsbezeichnung bleibt unberührt: vorangestellt wird der Ableitungsklang (etwa ***T*** oder ***t***), nachgeordnet wird der abgeleitete Nebendreiklang, der dural (***P, G***) oder mollar (***p, g***) sein kann, also ***TG*** für den verdurten Gegenklang der Durtonika (Dreiklang *e – gis – h* in C-dur) oder ***tp*** für die vermollte Parallele der Molltonika (Dreiklang *es – ges – b* in c-moll). Entfernte Terzverwandtschaften 1. Grades sind an der *Gleichheit der Buchstaben* des Funktionssymbols zu erkennen – beides Groß- oder Kleinbuchstaben (vgl. Beispiel 4.2.; siehe auch „Funktionsklänge und -symbole“ in diesem Buch).

II. Entfernte Terzverwandtschaften 2. Grades

Eine weitere Variante der Entfernung vom tonalen Kern kann in der Verwendung von *leitereigenen* Terzverwandten des *gleichnamigen anderen Tongeschlechts* bestehen (z. B. durch Einbeziehung von Nebendreiklängen aus c-moll in C-dur und umgekehrt.)
Erweiterte Tonalität (vgl. Kapitel 3) läßt also nicht nur die Vermischung von Hauptdreiklängen zweier gleichnamiger Tongeschlechter zu; auch die Einbeziehung von Nebendreiklängen des anderen Tongeschlechts kommt dem Bemühen nach „Vielfalt der Klangsinnlichkeit" entgegen – je nach historischer Situation mehr oder minder stark ausgeprägt.

Beispiel 4.3. – Leitereigene Terzverwandtschaften und Entfernte Terzverwandtschaften 2. Grades im Vergleich

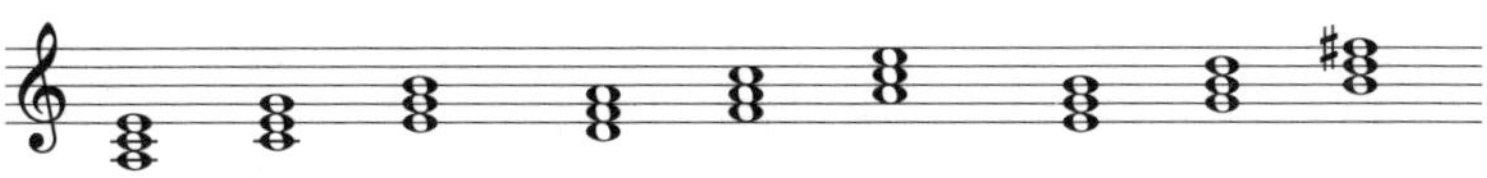

Leitereigen: *Tp* *T* *Tg* *Sp* *S* *Sg* *Dp* *D* *Dg*

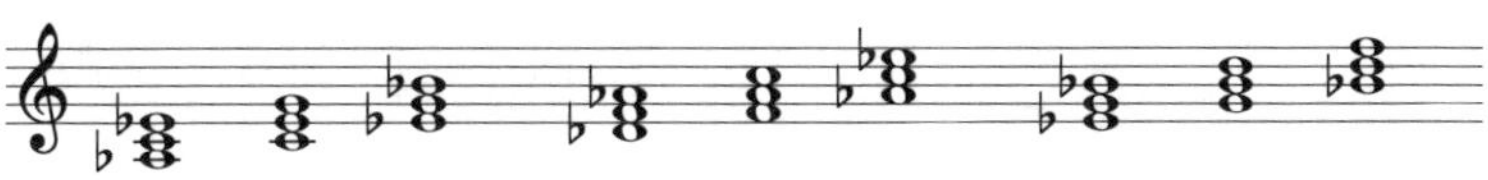

2. Grades: *tG* *T* *tP* *sG* *S* *sP* *dG* *D* *dP*

Leitereigen: *tG* *t* *tP* *sG* *s* *sP* *dG* *d* *dP*

2. Grades: *Tp* *t* *Tg* *Sp* *s* *Sg* *Dp* *d* *Dg*

III. Entfernte Terzverwandtschaften 3. Grades

Die größte Entfernung vom Ableitungsklang wird erreicht, wenn Haupt- und Nebendreiklang *keinen gemeinsamen Ton* mehr aufweisen. Dies geschieht durch eine direkte Koppelung des Hauptdreiklangs mit einer *Entfernten Terzverwandten 2. Grades des gleichnamigen anderen Tongeschlechts.*
Damit ist die weitestmögliche Entfernung zweier Dreiklänge innerhalb eines gemeinsamen Tongeschlechts gegeben.

Beispiel 4.4. – Entfernte Terzverwandtschaften 2. Grades und Entfernte Terzverwandtschaften 3. Grades im Vergleich

2. Grades: *tG T tP sG S sP dG D dP*

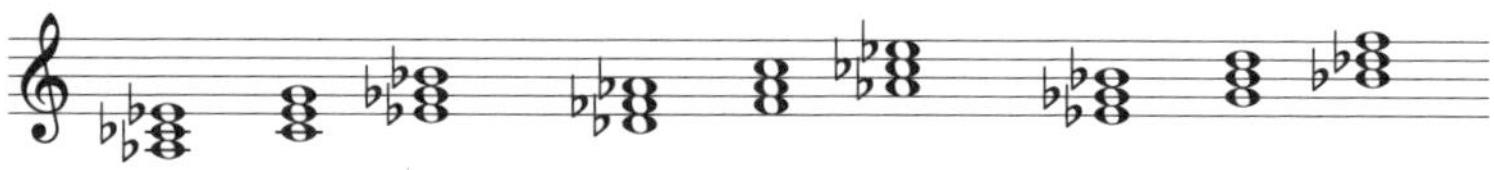

3. Grades: *tg T tp sg S sp dg D dp*

2. Grades: *Tp t Tg Sp s Sg Dp d Dg*

3. Grades: *TP t TG SP s SG DP d DG*

ZUSAMMENFASSUNG

Das Prinzip der Entfernten Terzverwandtschaften beruht auf der Möglichkeit, durch *Verringerung* der Anzahl gemeinsamer Töne, *Vermischung* der Nebendreiklänge gleichnamiger Tongeschlechter (etwa C-dur und c-moll) und der dadurch bedingten *Entfernung* vom tonalen Kern eine *Steigerung der Klangsinnlichkeit* zu erreichen.

Man unterscheidet:
- **Entfernte Terzverwandtschaft 1. Grades**:
Wechsel des Tongeschlechts der leitereigenen Nebendreiklänge mit Hilfe von Versetzungszeichen,
- **Entfernte Terzverwandtschaft 2. Grades:**
Verwendung der leitereigenen Nebendreiklänge des gleichnamigen anderen Tongeschlechts,
- **Entfernte Terzverwandtschaft 3. Grades:**
Verwendung der Entfernten Terzverwandten 1. Grades des jeweils gleichnamigen anderen Tongeschlechts.

Die folgende tabellarische Übersicht faßt alle Funktionen zusammen, die sich unter dem Aspekt „Terzverwandtschaft“ auf das gemeinsame tonale Zentrum C-dur / c-moll beziehen können.

Beispiel 4.5. – Terzverwandtschaften in C-dur / c-moll

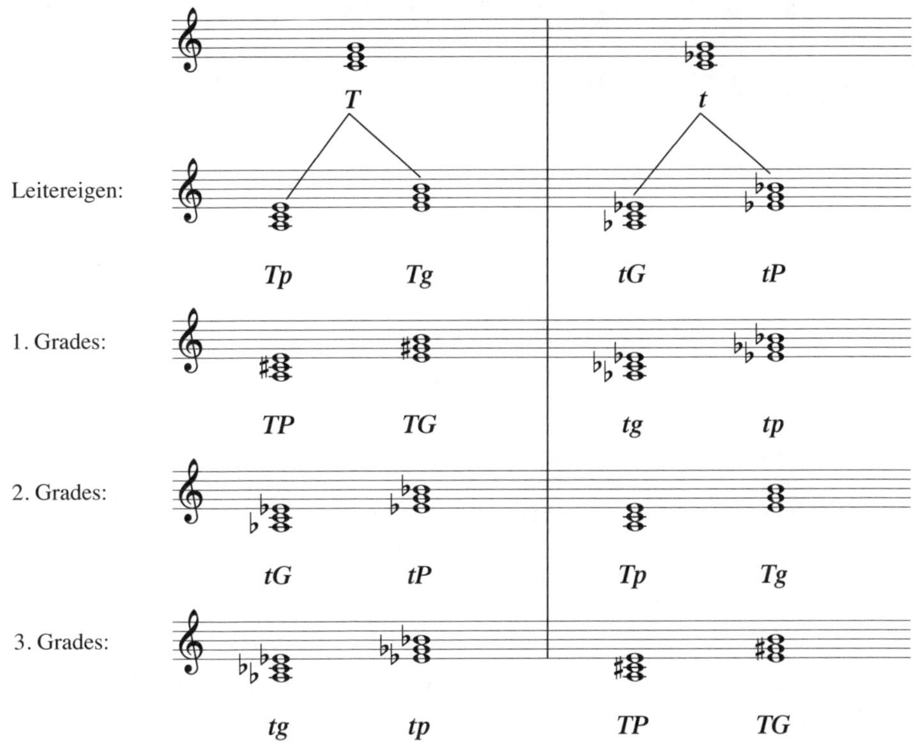

Beispiel 4.6. zeigt die Zusammenstellung des Akkordmaterials in einer durch Entfernte Terzverwandte geweiteten Tonart C-dur/c-moll.
Das Beispiel ist langsam zu spielen, wobei auf die verschiedenen Verwandtschaftsgrade und ihre unterschiedlichen klanglichen Eigenarten zu achten ist. Mit Hilfe der (noch schematischen) Funktionsbezeichnung ist es möglich, auch weit voneinander entfernte Klänge wie des-moll und H-dur auf den tonalen Kern C-dur/c-moll zu beziehen.

Beispiel 4.6. – Durch Entfernte Terzverwandtschaft erweiterte Kadenz in C-dur/c-moll
(Der Grad der Verwandtschaft ist bezeichnet:
L = leitereigen; 1., 2., 3. = 1., 2., 3. Grades)

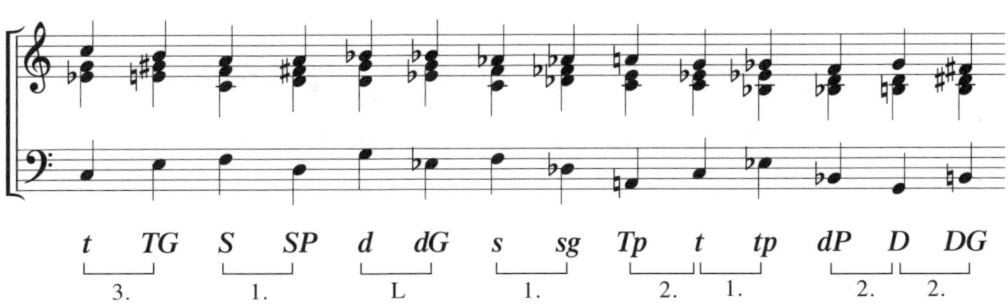

Dp Sp D DP TP s sG tG T S sp dp D T

1. L 2. 3. 3.

IV. Zwischendominanten oder Entfernte Terzverwandtschaften?

Zwischendominanten und Entfernte Terzverwandtschaften eint, daß jeweils Versetzungszeichen vor ursprünglich leitereigene Akkorde gesetzt werden müssen.
Aber nicht nur durch dieses äußerliche Kennzeichen fällt die Unterscheidung zwischen beiden Phänomenen schwer. Häufig ist infolge der inneren *Gemeinsamkeit der Klangraumerweiterung* die Grenze zwischen der Funktion einer Zwischendominante und der einer Entfernten Terzverwandtschaft fließend.
Grundsätzlich lassen Zwischendominanten sich in zwei Punkten eindeutig von den Entfernten Terzverwandten unterscheiden.
Zwischendominanten liegen vor, wenn
1. eine Funktion durch *charakteristische Zusatztöne* eindeutig dominantischen Charakter erhält (vgl. Beispiel 4.7.),
2. eine Funktion in Bezug auf ihren Folgeklang eine *dominantische Klangwurzel* aufweist (Dominant-Tonika-Beziehung, vgl. Beispiel 4.7.).
Entfernte Terzverwandte liegen vor, wenn zwischen zwei Nachbarakkorden der harmonische Abstand derart weit ist, daß zwischendominantische Erklärungsversuche nicht hergestellt werden können (vgl. Beispiel 4.8.).

Beispiel 4.7. – Zwischendominanten und Entfernte Terzverwandte im Vergleich

T *(D^7)* *Sp* *D* *T* *TP* *Dp* *D^7* *T*

Beispiel 4.8. – Nebendreiklang (E-dur) als Zwischendominante und als Entfernte Terzverwandte

V. Enharmonische Verwechslung bei Entfernten Terzverwandten

Beispiel 4.6. hat gezeigt, daß weit auseinanderliegende Klänge durch das Prinzip der Entfernten Terzverwandtschaften *einem* tonalen Kern zugeordnet werden können. Zur besseren Lesbarkeit und damit Ausführbarkeit ordnen die Komponisten deshalb oft ihre Notationsweise dem Prinzip der *Enharmonischen Verwechslung* unter: die Akkorde werden durch die Auswechslung der ♯-Notation in die ♭-Notation bzw. der ♭-Notation in die ♯-Notation *anders geschrieben, als sie aufzufassen sind.* In der Analyse wird dieser Vorgang durch das Zeichen ≈ unterhalb des Funktionskürzels kenntlich gemacht.

Beispiel 4.9. – Enharmonische Verwechslung: Chopin, Mazurka op. 7 Nr. 4

Anmerkung: Die vier in A-dur notierten Takte wären in der Auffassungstonart Heses-dur (= *sG*) für den Pianisten der neun Erniedrigungszeichen wegen kaum lesbar.

Beispiel 4.10. – Enharmonische Verwechslung: Verdi, Aida, 2. Akt, Finale

Es-dur: *(D T D Tg D^7) S________ (D) sP (D^7) sP*

Anmerkung: Das in H-dur notierte Hauptthema wird in diesem Zusammenhang als Ces-dur (= *sP*) gehört und bezeichnet.

VI. Entfernte Terzverwandtschaften im historischen Umfeld

Die Beliebigkeit der Anwendung und die Dichte der Reihenfolge von Entfernten Terzverwandtschaften, wie es etwa Beispiel 4.6. zu vermitteln scheint, ist charakteristisch für das 19. Jahrhundert.

Bereits mit dem Aufkommen des akkordischen Denkens in der zweiten Hälfte des 16. Jahrhunderts setzt auch die Verwendung der Entfernten Terzverwandten ein. Seit diesem Zeitpunkt gilt es, drei Phasen der – in der Gewichtung unterschiedlichen – Anwendung der Entfernten Terzverwandten zu unterscheiden.

Erste Phase: die Spätrenaissance (ca. 1540–1600)

Vielleicht gehört die Epoche zwischen 1540 und 1600 zu den spannendsten in der Musikgeschichte überhaupt. Die Synthese zwischen dem traditionsbewußten Verharren in polyphoner Schreibweise und dem Entdecken von akkordischen Satzstrukturen hat die Komponisten während dieses Zeitraumes zu teilweise kühnen Leistungen veranlaßt, bis sich von ca. 1600 an die Dur-Moll-Tonalität mit mehr oder minder fest abgegrenzten kadenziellen Räumen entwickelte.

Das freie harmonische Schweifen, verbunden mit der Freude an chromatisch ausgerichteten und immer vom vertonten Text her begründeten Klangverbindungen ist ein Wesensmerkmal etlicher *Madrigal*kompositionen von Orlando di Lasso (1532–1594), Ciprian de Rore (1516–1565) und vor allem Gesualdo da Venosa (1560–1613). Stellvertretend für dessen madrigalistische Kompositionstechnik mit der Überbetonung der Entfernten Terzverwandten soll der Beginn des Madrigals „Resta di darma noia" stehen. Die harmonische Analyse beweist, warum der Verzicht auf Festlegungen mit Funktionssymbolen sinnvoll erscheint: Musik aus der Zeit vor 1600 muß nicht unbedingt Kadenzkonventionen unterliegen und kann daher ein eigenes Bezeichnungssystem – nämlich das der Tonartenchiffrierung – bekommen. So wird auch die kompositorische Besonderheit des Anfangs dieses Madrigals offenbar, indem der harmonische Bogen der neun Anfangstakte Klänge von Es-dur bis Cis-dur umfaßt!

Beispiel 4.11. – Gesualdo da Venosa, Madrigal „Resta di darma noia“

Zweite Phase: das Generalbaßzeitalter und seine Ausläufer (ca. 1600–1780)

Die Zeit von ca. 1600 bis 1780 umfaßt jene Epoche in der Musikgeschichte, in der die kadenzielle Festigung mit der dadurch bedingten Beschränkung auf das „Akkordische“ einhergeht. Der harmonische „Wagemut“ der Renaissancekomponisten mußte u. a. deshalb aufgegeben werden, weil durch die Verlagerung auf das Gebiet der Instrumentalmusik Beschränkungen – etwa durch nur bedingt spielbare Töne der Blasinstrumente – notwendig wurden.
Das „Ereignis“ Entfernte Terzverwandtschaften wurde nur sehr sparsam eingesetzt. Oft sind *Mischformen* mit dem zunehmend Bedeutung erlangenden Phänomen der *Zwischendominanten* zu beobachten, die sich namentlich in der Musik Bachs an meist steigenden chromatischen Linien ausmachen lassen.

Beispiel 4.12. – Bach, Matthäuspassion, Choral Nr. 46 „Wie wunderbarlich“

Dritte Phase: Klassik und Romantik (ca. 1750–1900)

Die Wiederentdeckung der Entfernten Terzverwandten als kompositorischen Selbstwerts mit eindeutigen Abgrenzungen zu den Zwischendominanten ist ein wesentliches Stilmerkmal der Musik des 19. Jahrhunderts. An Beispiel 4.13. zeigt sich, wie innerhalb einer geschlossenen (Lied-)Form verschiedene Arten der Entfernten Terzverwandtschaft erprobt und angewandt werden.

Beispiel 4.13. – Schubert, „Die Sterne" (D 939)

Im auslaufenden 19. Jahrhundert können die durch Entfernte Terzverwandte gewonnenen Klangräume ihre funktionalen Verbindungen verlieren und zu einer eigenständigen, vom Impressionismus geprägten Tonsprache führen. So sind etwa die in Beispiel 4.14. angebrachten Funktionsbezeichnungen nur noch ein Notbehelf.

Beispiel 4.14. – Debussy, Prélude Nr. 4

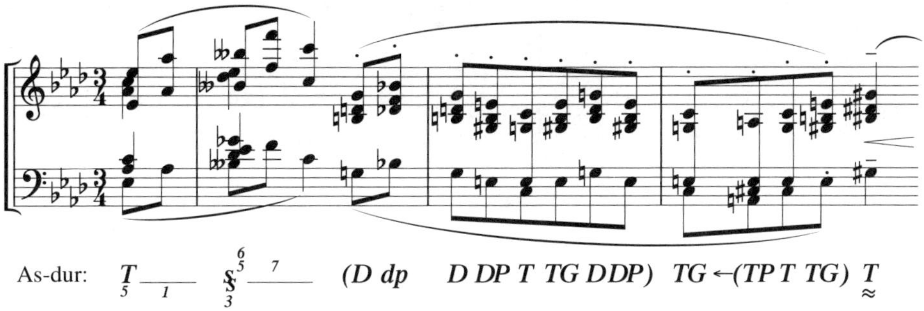

Beispiel 4.15. – Harmonische Analyse: Gesualdo da Venosa, Madrigal „Moro lasso“

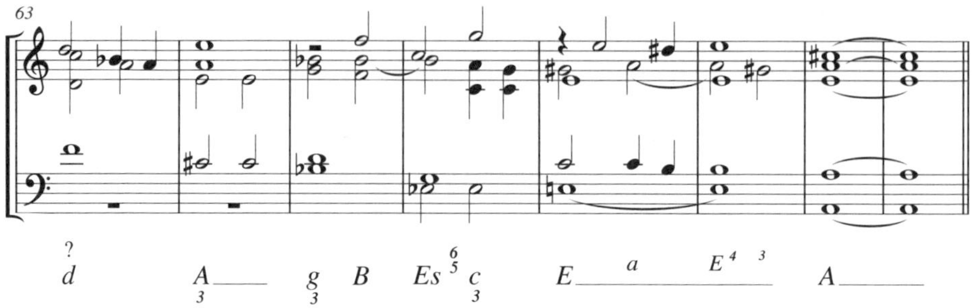

Anmerkungen: Der exzentrische Kompositionsstil des Fürsten Gesualdo da Venosa ist sowohl im Umfeld seiner Zeit – der Spätrenaissance – wie auch im weiteren Verlauf der Musikgeschichte eine singuläre Erscheinung. Neben der Tatsache, daß sich das Anbringen der üblichen Funktionszeichen verbietet, muß festgestellt werden, daß auch die Tonartbezeichnung deshalb häufig versagen muß, weil der Komponist – aus textbedingten Gründen – Klänge von schier unglaublicher Dissonanzkraft schafft (vgl. die Klänge zum Wort „Qualen“ in den Takten 48 und 52!). Diese „Erfindungen“ Gesualdos haben ihren stilgeschichtlichen Eigenwert, müssen in der Analyse unzulänglich und daher in ihrer Deutung letztlich offen bleiben.
Die Fragezeichen an jenen Stellen, wo der Satz zur Dreistimmigkeit gelangt, sollten zum Anlaß genommen werden, durch eigenes Spielen und Hören eine persönliche Deutung herbeizuführen.
Es ist sicherlich kein Zufall, daß eine harmonische „Eindeutigkeit“ nur an der Textstelle „die mir Leben sein kann“ vorzufinden ist: Hier schafft der Komponist durch den Hoffnungsaspekt der Textaussage Sicherheit, während der Ausdruck tiefer Verzweiflung des von der Geliebten Verlassenen in der Regel zu harmonischen Gefühlsausbrüchen führt, die den Erfindungsreichtum und Wagemut anderer Madrigalkomponisten zu übertreffen scheinen.

Beispiel 4.16. – Wagner, Lohengrin, 1. Aufzug, 2. Szene

Anmerkungen: 250 Jahre Kompositionsgeschichte liegen zwischen den Ausschnitten aus den Werken Gesualdos und Wagners. Während bei Gesualdo das freie Schweifen um einen tonalen Kern (a-moll) im Vordergrund steht, sind bei Wagner die Entfernten Terzverwandten in eindeutig fixierbare Grundkadenzen eingebunden. Die beiden Tonarten As-dur und D-dur stehen einander im diffusen Tritonusabstand gegenüber. Während der Weg von As-dur nach D-dur enharmonisch vollzogen wird (Ces-dur ≈ H-dur), geschieht die Rückkehr von D-dur nach As-dur diatonisch, nämlich über die Zwischenstation F-dur.

Aufgabe 4.A.1. – Gesualdo da Venosa, Madrigal „Moro lasso“

Aufgabe 4.A.2. – Wagner, Siegfried, 1. Aufzug, 2. Szene

Aufgabe 4.B. – Verdi, Requiem, Nr. 7 „Libera me“

Aufgabenbereich 4.C.:

Verdi, Requiem, Nr. 6 „Lux aeterna", Takte 1 bis 15
Reger, „Träume am Kamin" op. 143, daraus:
Nr. 1 (B-dur), Takte 1 bis 6
Nr. 4 (E-dur), Takte 1 bis 8
Wagner, Siegfried, Vorspiel zum 3. Aufzug

5. Alterationen

Wird ein leitereigener Ton eines Akkordes durch ein Versetzungszeichen chromatisch verändert, spricht man von *Alteration* (lat. *alteratio* = Änderung).
Das Wesen der Alteration entspringt dem vor allem im 19. Jahrhundert stark ausgeprägten Bedürfnis, die Töne des Zielklanges in möglichst kleinen Schritten, d. h. durch Halbtonverbindungen zu erreichen. Gleichzeitig bewirkt der alterierte Klang eine Erhöhung der Strebefähigkeit.
Es ist zu unterscheiden zwischen der in Kapitel 2 dargestellten *melodisch motivierten Chromatik*, nämlich den chromatischen harmoniefremden Tönen, und Alterationsvorgängen, die aus einer *harmonischen Absicht* heraus erfolgen und direkte Auswirkungen auf die Funktion des Akkordes haben können.
Für den Alterationsvorgang selber, also die *Klangschärfung* mit dem Ergebnis der *Funktionverstärkung* und der Erhöhung des *Strebens in den Folgeklang*, kommen nur wenige Akkordtöne in Betracht:
a. die Dominant*quinte*
b. die Subdominant*sexte* und
c. (selten) die Dominant*septime.*

I. Die hochalterierte Dominantquinte in Dur – der *übermäßige Dreiklang*

Die weder auf- noch abwärtsstrebende Dominantquinte hat wegen dieser ihrer „Neutralität" schon früh dazu geführt, durch einen Alterationsvorgang in einer Richtung festgelegt zu werden.
Durch die *Hoch*alteration der Dominantquinte wird ein Strebeton geschaffen, dessen einziges Ziel die *Dur*terz der Tonika sein kann (vgl. Beispiel 5.1.).
Eine *Hochalteration* wird mit dem Symbol < , eine *Tiefalteration* mit dem Symbol > am alterierten Akkordton kenntlich gemacht.

Beispiel 5.1. – Hochalterierte Dominantquinte

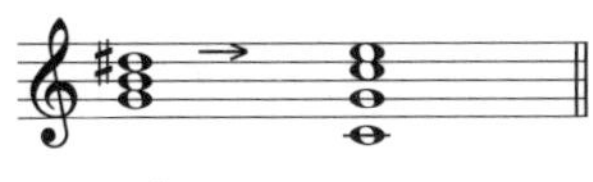

$D^{5<}$ T

Die Hochalteration der Quinte (*5*<) läßt einen Dreiklang von *gleichem* Intervallaufbau, nämlich mit *zwei großen Terzen*, entstehen; er wird *übermäßiger Dreiklang* genannt.
Würden weitere große Terzen aufgeschichtet werden, ergäbe sich, daß lediglich der Notation zufolge neue Töne einträten, klanglich jedoch nicht: der übermäßige Dreiklang ist „unendlich".

Beispiel 5.2. – Der übermäßige Dreiklang als „unendlicher" Akkord

Der unendliche Charakter mit dem Aufbau gleicher Intervalle führt dazu, daß der übermäßige Dreiklang ebenso wie der verminderte Septakkord (D^v) zur Gruppe der *Akkorde mit vagierendem Charakter* gerechnet wird. Umkehrungen des übermäßigen Dreiklanges ergeben das gleiche Klangbild wie seine Ausgangsstellung, so daß eine funktionale Bestimmung erst dann möglich ist, wenn
a) akustisch: die Auflösung erfolgt ist oder wenn
b) optisch: die Notation des Klanges vorliegt.

Beispiel 5.3. – Vagierender Charakter des „übermäßigen Dreiklanges“

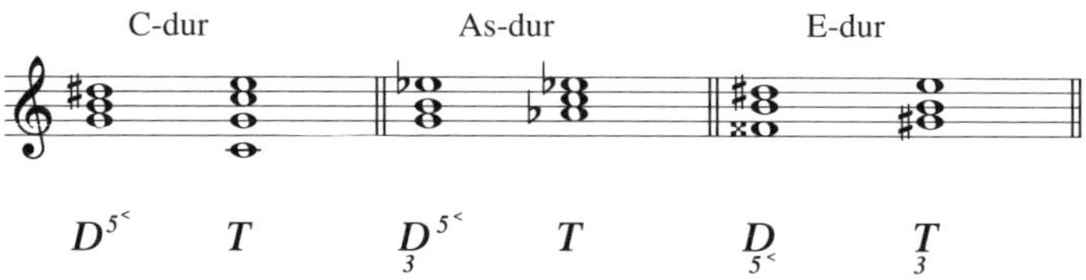

Der übermäßige Dreiklang ist klanglich identisch mit jener Dominantform, die als Vorhaltston die kleine Sexte (Ton *c* in Beispiel 5.4.) anstelle der Quinte (Ton *h* in Beispiel 5.4.) aufweist.

Beispiel 5.4. – Chopin, Mazurka a-moll op. post.

Hierin liegt auch der Grund dafür, daß der übermäßige Dreiklang nur in Dur zur Anwendung gelangt: in reinem Moll hätte die hochalterierte Quinte (Ton *dis* in Beispiel 5.5.) „kein Ziel“, da sie mit der Molltonikaterz (Ton *es* in Beispiel 5.5.) identisch ist und eine Verwechslungsgefahr mit dem D^{6-} gegeben ist.

Beispiel 5.5. – Übermäßige Quinte und kleine Sexte in einer Dominante

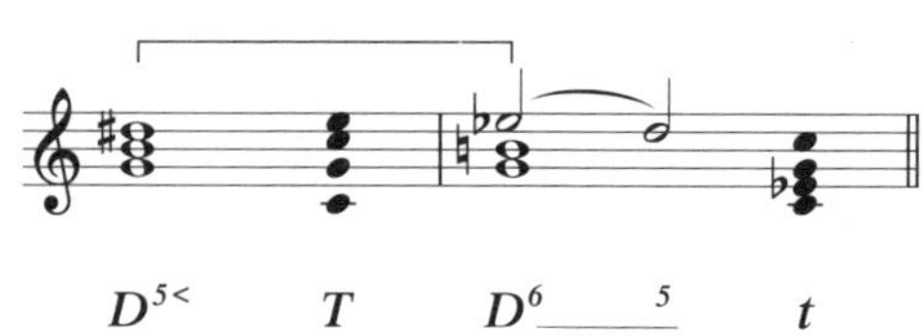

Hochalterierte Dominantquinten sind ein beliebtes Stilmittel seit der Zeit der Klassik. Dabei wird die Grundform ebenso gerne verwendet wie die Sextakkordstellung.

Beispiel 5.6. – Beethoven, Bagatelle op. 119 Nr. 8

C-dur: T ___ $(D^{5<}_{3})$ $S^{5\ 6}$ $\not{D}^{5<}_{3}$ D^{7} ___ $_{3}$ $_{1}$ T

Beispiel 5.7. – Schumann, „Frühlingsgesang“ (aus: Album für die Jugend)

A-dur: T ___ $(D^{5<})$ S ___ T ___ $(D^{5<})$ S^{9} ___ ^{8} T

II. Tiefalterierte Dominantquinten

Der ursprünglich neutrale Quintton der Dominante läßt sich durch den Vorgang der *Tiefalteration* (*5>*) als *strebig* zum *Grundton* der Tonika (***T*** oder ***t***) gestalten. Dabei befindet sich die tiefalterierte Dominantquinte in aller Regel in der Baßstimme: hier kann sie der Gefahr entgehen, mit dem Leitton der Funktion eine Reibung eingehen und damit von ihrer Wirkung einbüßen zu müssen (verminderte Terz *h – des* bei > in Beispiel 5.8.).

Beispiel 5.8. –Tiefalterierte Dominantquinten

$D^{5>}$ $D_{5>}$ T $D^{7}_{5>}$ T $\not{D}^{7}_{5>}$ T $D^{v}_{5>}$ t

In der Instrumentalmusik kann die Reibung zwischen Leitton und tiefalterierter Dominantquinte jedoch auch zum bewußt hervorgerufenen Reiz werden, wie es Beispiel 5.9. beweist!

Beispiel 5.9. – Chopin, Prélude op. 28 Nr. 4

Anmerkung: Oft opfern die Komponisten die „korrekte“ Notation der Erleichterung der Lesbarkeit: der Baßton *b* muß als *ais* aufgefaßt werden.

Drei Formen der Dominante mit tiefalterierter Quinte haben sich im Verlauf der Musikgeschichte durchgesetzt:

1. Der Dominantseptakkord auf der tiefalterierten Quinte, genannt *übermäßiger Terzquartsextakkord* (vgl. Beispiel 5.10.).
2. Der verkürzte Dominantseptakkord auf der tiefalterierten Quinte, genannt *übermäßiger Sextakkord* (vgl. Beispiel 5.11.).
3. Der verminderte Septakkord auf der tiefalterierten Quinte, genannt *übermäßiger Quintsextakkord* (vgl. Beispiel 5.12.).

Beispiel 5.10. – *Übermäßiger Terzquartsextakkord*: Schubert, 5. Symphonie, 1. Satz

Beispiel 5.11. – *Übermäßiger Sextakkord*: Mozart, Die Zauberflöte, Ouvertüre

Beispiel 5.12. – *Übermäßiger Quintsextakkord*: Mozart, Die Hochzeit des Figaro, Nr. 23 „Kavatine"

Zwei Merkmale prägen den übermäßigen Quintsextakkord:

1. Die drohende Quintparallele bei der Auflösung in die Tonika, die zu Unrecht unter dem Begriff „Mozartquinte" bekannt ist (vgl. Beispiel 5.12.!). In der Regel umgeht Mozart nämlich diese Quintparallele, beispielsweise durch Verdoppelung der Septime, in Beispiel 5.13. etwa durch den Ton *c*.

Beispiel 5.13. – Anwendung des übermäßigen Quintsextakkordes *ohne* Quintparallele: Mozart, Klavierkonzert c-moll (KV 491), 3. Satz

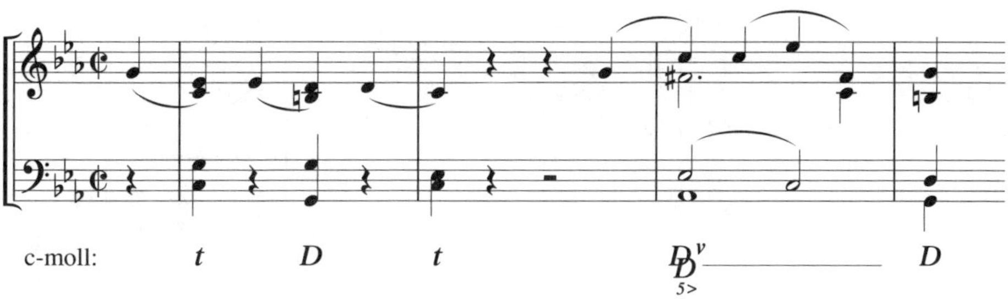

Der *Regelfall* des übermäßigen Quintsextakkordes liegt in seiner Anwendung als *Doppeldominantfunktion*. Beispiel 5.14. demonstriert, wie mit dem Vorhaltsquartsextakkord als Folgeklang eine ebenso satztechnisch wie klanglich saubere Lösung gewonnen wird.

Beispiel 5.14. – Schubert, „Der Wegweiser" (aus: Winterreise)

2. Ein weiteres Merkmal, das den übermäßigen Quintsextakkord prägt, ist sein *Klang.* Der spezifische Intervallaufbau führt dazu, daß er *klanglich identisch* mit dem *Dominantseptakkord* einer anderen Tonart ist.

Beispiel 5.15. – Übermäßiger Quintsextakkord und Dominantseptakkord im Vergleich

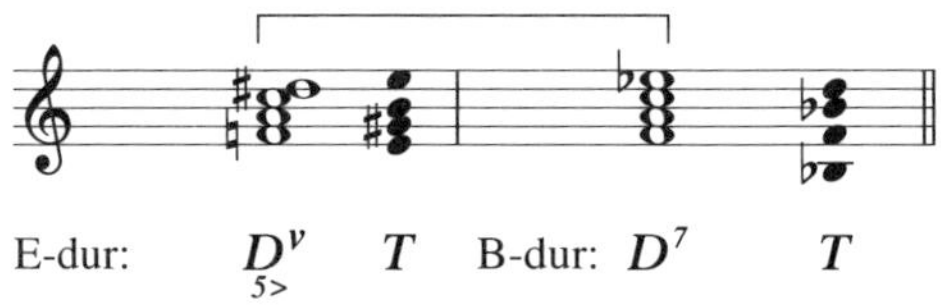

Diese klangliche Identität hat – namentlich im 19. Jahrhundert – verständlicherweise dazu geführt, den übermäßigen Quintsextakkord als ein bevorzugtes Ausweichungs- oder Modulationsmittel einzusetzen (vgl. auch Kapitel 6).

Beispiel 5.16. – Beethoven, 5. Symphonie, 2. Satz

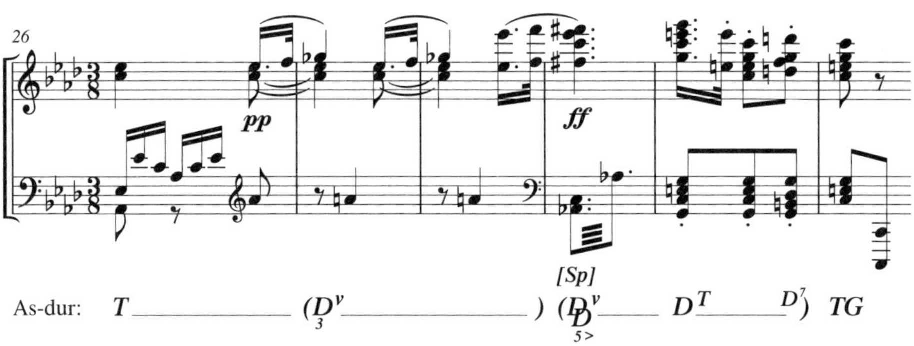

Anmerkungen: Haupttonart des 2. Satzes: As-dur. D^v in Takt 27. Der Hörer ist, wie bei jedem D^v, verunsichert. Beethoven notiert den Akkord als (D^v)*Sp,* wobei die Subdominantparallele b-moll nicht erscheint. In Takt 29 (Orchestertutti) wird *ges* zu *fis* umnotiert; der (klingende) As-dur-Septakkord kann erst in Takt 30 (nach dem leuchtenden C-dur) als $\not{D}^v$ auf der 5> zu ***TG*** verstanden werden. Absicht des Komponisten: durch Verunsicherung mit Hilfe des übermäßigen Quintsextakkordes wird bewußt „auffällig" in die als Entfernte Terzverwandte zu deutende Ebene C-dur (=***TG***) ausgewichen.

III. Alterierte Subdominantformen

1. Tiefalterierte Subdominantsexten

Durch die Tiefalteration der Sexte in der Mollsubdominante – ursprünglicher Vorhaltston vor der Quinte – entsteht der sogenannte *neapolitanische Sextakkord* (s^n).

Beispiel 5.17. – Herleitung eines neapolitanischen Sextakkordes

Obwohl der neapolitanische Sextakkord eine in sich stabile Struktur aufweist (Klang: ein Dursextakkord!), zählt man ihn im weitesten Sinne zu den alterierten Akkorden.

Beispiel 5.18. – Bach, Messe h-moll, „Agnus Dei“

2. Hochalterierte Subdominantsexten

Durch den Vorgang der Hochalteration der Subdominantsexte (6<) gewinnt man vom Aufbau und vom Klang her erneut einen *übermäßigen Quintsextakkord.*

Beispiel 5.19. – Zwei übermäßige Quintsextakkorde im Vergleich

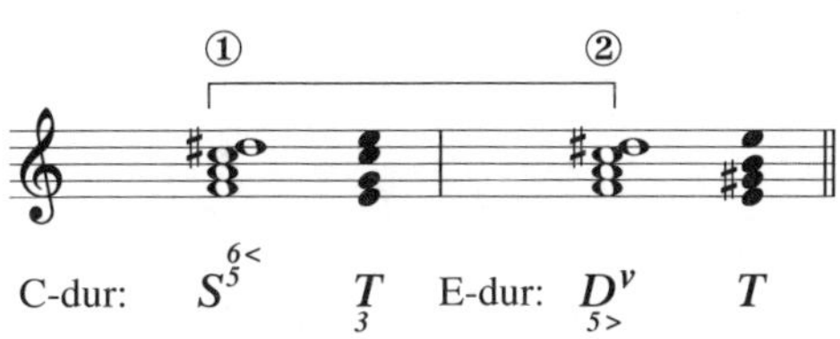

Der Folgeklang dieser Subdominantform muß tonikal sein (plagale Strebewirkung); die Anwendung kann nur in Dur erfolgen.

Beispiel 5.20. – Schubert, „Des Mädchens Klage" (D 191)

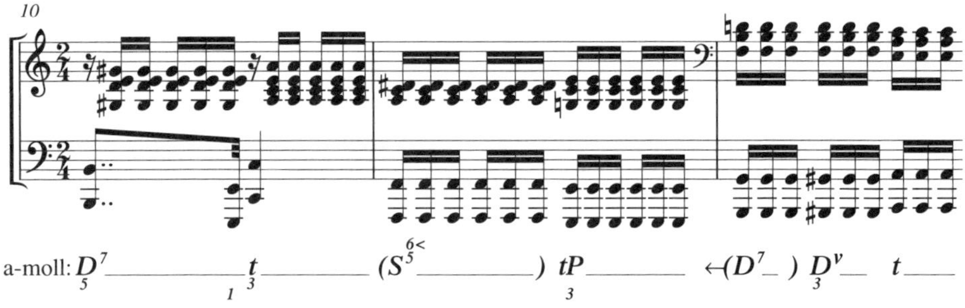

Anmerkungen: Haupttonart a-moll. Der in Takt 11 erklingende Dominantseptakkord (notiert *f – a – c – dis*) muß zunächst als rückbezogene Doppeldominante (übermäßiger Quintsextakkord) aufgefaßt werden. Überraschende Wendung nach C-dur (*tP*); dadurch Deutung dieses Klanges als Subdominante mit hochalterierter Sexte.

IV. Alterierte Dominantseptimen

Seltener finden sich Alterationen der Dominantseptime.
Bruckner hat mit der *Hoch*alteration der Dominantseptime (7<) ein einsames Vorbild geschaffen (siehe Erläuterungen zu Beispiel 5.27.).
Die *Tief*alteration der Dominantseptime (7>) geschieht mit Vorliebe im verminderten Septakkord, wobei ihre Anwendung auf das Mollgeschlecht begrenzt ist: die tiefalterierte Septime muß, als Strebeton, halbtönig abwärts geführt werden können.

Beispiel 5.21. – Tiefalterierte Dominantseptime

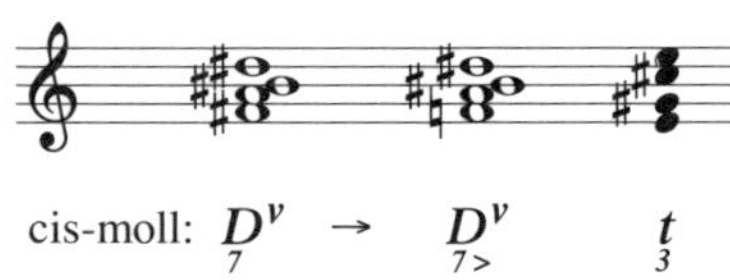

Beispiel 5.22. – Reger, „Aus meinem Tagebuch", Nr. 3

Auch die Tiefalteration der Septime im verminderten Septakkord ruft klanglich einen „Dominantseptakkord" hervor. Vier Akkorde mit unterschiedlichem funktionalen Wert in vier verschiedenen Tonarten sind es also, die als gemeinsames Merkmal den *akustischen Grad eines Dominantseptakkordes* haben.

Beispiel 5.23. – „Klingende Dominantseptakkorde"

Tonart: B-dur E-dur C-dur cis-moll

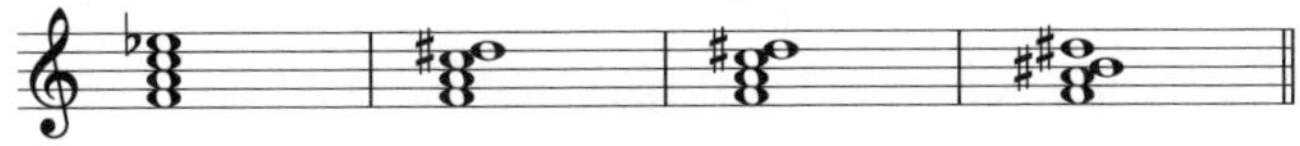

Funktion: D^7 $D^v_{5>}$ $S^{6<}_{5}$ $D^v_{7>}$

ZUSAMMENFASSUNG

Die durch *chromatische Veränderungen* leitereigener Akkordtöne herbeigeführten *Alterationen* erhöhen die *Strebefähigkeit* des Klangs und *stärken* den jeweiligen Funktionswert. Bevorzugte Alterationsvorgänge (Hoch- wie Tiefalterationen) finden sich vorwiegend in der *Dominantquinte*, in der *Subdominantsexte* und (seltener) in der *Dominantseptime.*

V. Alterationen im historischen Umfeld

Der Vorgang der Alteration entspringt dem Bestreben, durch Klangveränderung und Klangschärfung die ursprünglich klare Gestalt der Funktion bis zur Unkenntlichkeit zu verändern und damit deren Existenz in Frage zu stellen.
Die Alteration ist ein Wesensmerkmal der Harmonik des auslaufenden 19. Jahrhunderts. Alterierte Akkorde sind aber (in zunächst vorsichtigen Ansätzen) schon seit Beginn der dur-moll-tonalen Epoche zu beobachten.

Beispiel 5.24. – Bach, Weihnachtsoratorium, Rezitativ Nr. 30

h-moll: D_3 — D^7_3 — t — DD^7_5 — $DD^7_{5>}$ D^t DD^v_3 D^t D t

Anmerkungen: Das Beispiel ist ein erneuter Beleg dafür, welch großen Einfluß der vertonte Text auf die Gestaltung der Harmonik haben kann. Die starken Erschütterungen im Herzen Marias über die Richtigkeit der Vorhersage von Christi Geburt veranlassen Bach, die für die Hörer der damaligen Zeit in ihrem Affektgehalt wohl verstandene Tiefalteration der Doppeldominantquinte zu verwenden und damit die seelische Stimmung Marias musikalisch auszuleuchten.

Beispiel 5.25. – Mozart, Die Zauberflöte, Nr. 5 „Quintett“

Anmerkungen: Auch Mozart läßt sich vom Text leiten. Die Worte „Lieb und Brüderbund“ werden mit klaren und einfachen Kadenzformeln vertont, die Kontradiktion „Haß, Verleumdung, schwarze Galle“ findet sich hingegen in scharfen musikalischen Kontrasten wieder: Tiefalteration einer Doppeldominantquinte, Unisonoführung von Orchester und Singstimmen, fast „brutale“ Ausweichung nach g-moll.

Beispiel 5.26. – Beethoven, 5. Symphonie, 2. Satz

Anmerkungen: In den Anmerkungen zu Beispiel 5.16. ist erläutert, wie „dramatisch“ Beethoven von As-dur aus die C-dur-Ebene erreicht. In den Takten 38 bis 48 tritt er nun den Rückzug nach As-dur an: zunächst scheint sich bis Takt 41 f-moll (***Tp***) durch dessen D^v anzudeuten; stattdessen erscheint ein klingender Dominantseptakkord in Takt 42: der Baßton *e* als Verbindungsglied muß zum *fes* umgedeutet werden, der Akkord wird dadurch zum $\not{D}^v$ auf der *tiefalterierten Quinte* für das Ziel As-dur; Bestätigung dieses Zieles durch das Streifen des Molltonikaquartsextakkordes in Takt 43; danach Schlußkadenzierung bis zum Einsetzen des Hauptthemas in Takt 49.

Beispiel 5.27. – Bruckner, 9. Symphonie, 2. Satz

Anmerkungen: Haupttonart d-moll. Die Dominante (A-dur) tritt als D^{v} mit hochalterierter Septime (*gis* statt *g*) auf. Die Besonderheit liegt nun allerdings darin, daß Bruckner die Töne dieses Klanges nutzt, um in der melodischen Struktur des Themas (Takte 6 und 7) ein ungetrübtes cis-moll zu entfalten und cis-moll von Takt 8 an in den Bässen zu bestätigen. Die Dominante selber (ursprünglich A-dur) wird durch die Hochalteration der Septime bis zur Unkenntlichkeit entstellt, gewinnt dadurch aber auch an Eigenwert: die neu erdachte Klangstruktur des Akkordes, *e – gis – b – cis,* steht im Mittelpunkt und nicht mehr dessen dienende Funktion als Dominante!

Beispiel 5.28. – Wagner, Tristan und Isolde, Vorspiel

a-moll: $\not{D}^{6+\ \_\_\_\ 7}_{5>}$ D^7____

Anmerkungen: Der als *Tristan-Akkord* bekannt gewordene Klang *f – h – dis – gis* gewinnt seine Bedeutung aus der Tatsache, daß der Vorhaltston *gis* (im H-dur-Klang die große Sexte 6+) und der akkordeigene Ton *a* (im H-dur-Klang die Septime) ihre ursprüngliche Bedeutung austauschen: der Vorhaltston *gis* erklingt fünf Zählzeiten im Takt, während der akkordeigene Ton *a* durch seine zeitliche Kürze und seine metrisch schwache Stellung lediglich als Durchgangston zum Folgeklang gehört wird: *gis* wirkt also akkordeigen, *a* akkordfremd!

Beispiel 5.29. – Harmonische Analyse: Brahms, „Im Herbst" op. 104 Nr. 5

c-moll: $tG \leftarrow (D)\ \not{D}^{v}_{t}{}^{5>} D$ (t D t D^7)____ t____$_3$ tP_3____ t_3 $s^{9\ 8\ 7}_{7\ 6\ 5}$ D (t D)____

sinkt auch das Herz, sinkt auch das Herz zu trü - ben Weh her-
auch das Herz, sinkt auch das Herz zu trü - ben Weh her-
sinkt auch das Herz zu trü - - - ben Weh her -
ab. Still ist die Flur, und nach dem Sü - den
ab. Still ist die Flur, und nach dem Sü - den
ab. Still ist die Flur, und nach dem Sü - - den
wal - len die Sän - ger stumm, wie nach dem Grab, wie
wal - len die Sän - ger stumm, wie nach dem Grab, wie
wal - len die Sän - ger stumm, wie nach dem Grab, wie

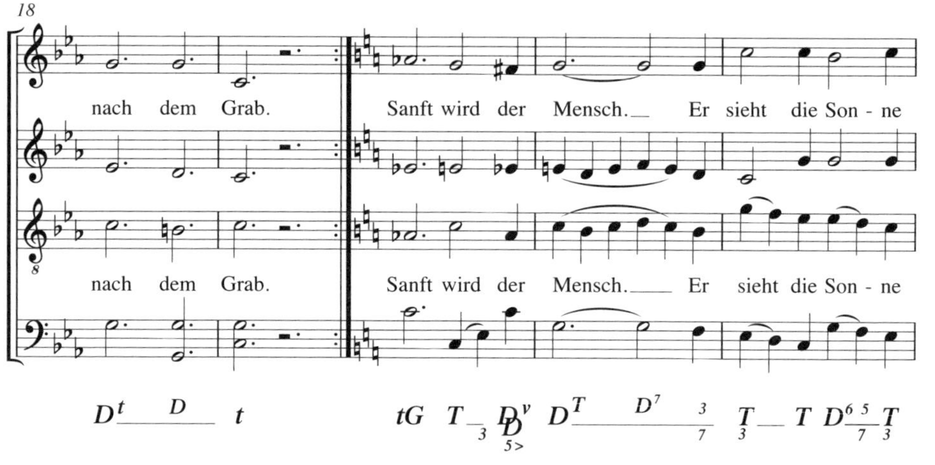
18
nach dem Grab. Sanft wird der Mensch. Er sieht die Son - ne
nach dem Grab. Sanft wird der Mensch. Er sieht die Son - ne

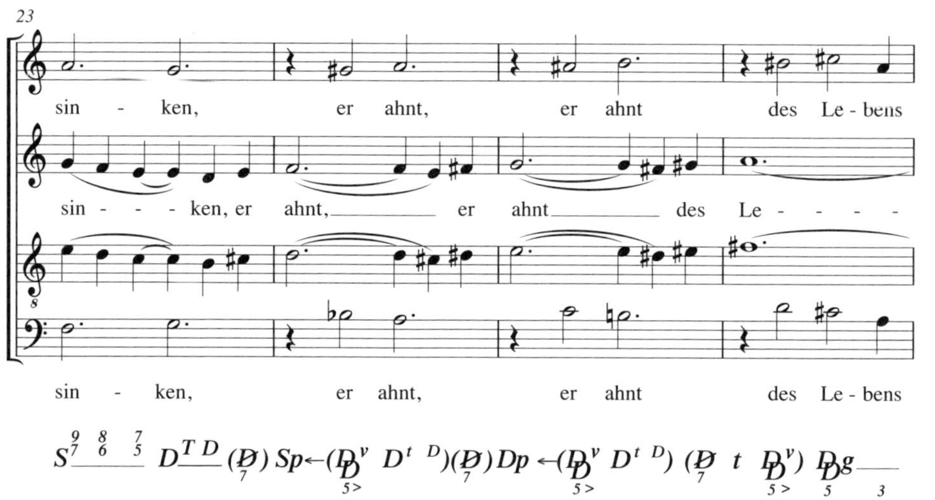
23
sin - ken, er ahnt, er ahnt des Le - bens
sin - - - ken, er ahnt, er ahnt des Le - - - -
sin - ken, er ahnt, er ahnt des Le - bens

27
wie des Jah - - - - res Schluß. Feucht wird das
- bens wie des Jah - res Schluß. Feucht wird das
wie des Jah - - - - - - res Schluß. Feucht wird das

31
Aug, doch in der Trä - ne Blin - - - ken, doch
Aug, doch in der Trä - ne Blin - - - ken, doch
Aug, doch in der Trä - - - ne Blin - - - ken, doch
34
in der Trä - ne Blin - ken ent - strömt des Her - - - zens
in der Trä - ne Blin - ken ent - strömt, ent - strömt des Her - zens
[tG]
38
se - lig - ster Er - guß, se - lig - - ster Er - guß.
se - lig - ster Er - guß, se - - - lig - ster Er - guß.

Anmerkungen: Die Bedeutung dieses aus der letzten Schaffensperiode von Brahms stammenden Chorsatzes liegt ganz unzweifelhaft im Bereich des Harmonischen. Die Düsternis des Textes, verbunden mit dem harmonischen Erfindungsreichtum des Komponisten, vermittelt uns einen tiefen Einblick in die Selbstbefindlichkeit eines Künstlers im späten 19. Jahrhundert.
Der Chorsatz beginnt nicht mit der Tonika, sondern mit dem Tonikagegenklang As-dur (***tG***). Man beachte das „Sich-Hinaufschrauben" mit einer Kette von übermäßigen Quintsextakkorden von Takt 24 an (Text: „er ahnt ..."). Hochalterationen und Entfernte Terzverwandte stehen für „Feucht wird das Auge" (ab Takt 30); der neapolitanische Sextakkord (s^n) symbolisiert „sinkt auch das Herz" (Takt 6).
Am auffälligsten an diesem Chorsatz ist allerdings die vielfältige Verwendung des (klingenden) As-dur-Septakkordes, dessen Einsatzmöglichkeiten Brahms gleichsam wie in einem Lehrbuch vorführt:
Takt 1: Deutung als $\not{D}^{v}_{D}$ mit 5>, stehend auf dem *Tonikagrundton* (Kadenzbaß *c – g*!). Weitere Deutungsmöglichkeiten: $\not{D}^{v}_{D}$ mit *5>*, stehend auf der Septime (dann müßte der Dominantsextakkord folgen) oder Subdominante mit 6< zur ***tP*** (dann müßte Es-dur folgen).
Takt 5: Dominantseptakkord zu Des-dur: (D^7) ***sG***
Takt 10: Subdominante mit 6< zu Es-dur: ($S^{6<}$) ***tP***
Takt 17: Deutung als $\not{D}^{v}_{D}$ mit *5>*, stehend auf dem Tonikagrundton (wie in Takt 1); in der zweiten Takthälfte gängige Verwendung als $\not{D}^{v}_{D}$ auf der *5>*.
Takt 20: gängige Verwendung als $\not{D}^{v}_{D}$ auf der *5>* (Stimmkreuzung zwischen Baß und Tenor, dadurch *as* unterster Ton!).
Takt 40: ganztaktige Verwendung als $\not{D}^{v}_{D}$ auf der *5>* mit Lagenwechseln und Binnenbewegungen in den Oberstimmen.

Aufgabe 5.A. – Schubert, „Meeres Stille" (D 216)

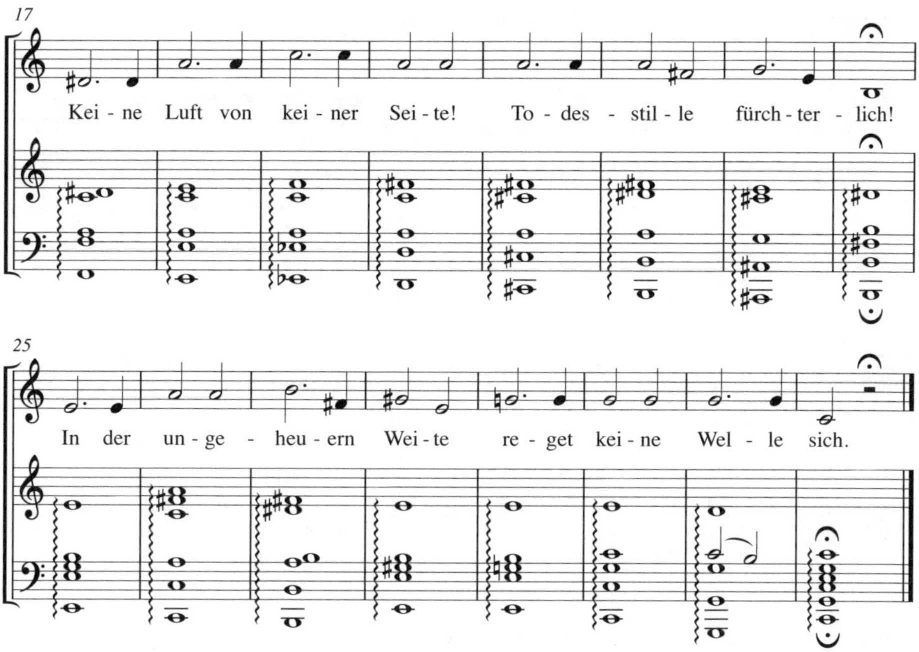

Aufgabe 5.B.1. – Liszt, „O Traurigkeit, o Herzeleid“

Aufgabe 5.B.2. – Reger, „Dein Wort, o Herr, wohnt weit“

Aufgabenbereich 5.C.:

Schubert, „Schäfers Klagelied“ (D 121)
„Erster Verlust“ (D 226)
„Die Liebe hat gelogen“ (D 751)
„Täuschung“ (aus: Winterreise)
Klaviersonate a-moll (D 317), 3. Satz (Anfang)
Klaviersonate G-dur (D 210), Menuett

6. Modulationen

Das Prinzip des Kontrastes ist in der Musik allgegenwärtig. Selbst die in Kleinformen (wie Volkslied, Menuett u. ä.) anscheinend unangefochtene Vormachtstellung der Tonika bedarf letztlich ihres Gegenspielers: in Dur ist es die Dominante (***D***), in Moll die Tonikaparallele (***tP***). In großen Formabläufen (wie Symphonien und Opern) ist das Streifen auch anderer tonikaler Zentren um so notwendiger, als schon aus hörpsychologischen Gründen nur ein *Wechsel tonaler Ebenen* die Aufmerksamkeit des Hörers langfristig zu sichern vermag.
Die innerhalb geschlossener Formen gestaltete Art und Weise des *Übergangs von einem tonikalen Zentrum auf ein anderes* wird unter dem Oberbegriff *Modulation* (lat. *modulatio* = Übergang) zusammengefaßt. Dabei ist zu beachten, daß *Modulation* in der Regel das *dauerhafte Verweilen* in einer neuen Tonart bedeutet, während *Ausweichung* das *vorübergehende Streifen* einer anderen Tonart meint.
Die *Modulation* kann die Vormachtstellung der Ausgangstonika auf Dauer in Frage stellen oder zumindest durch mehrfache Bekräftigung einer neuen, anderen Tonika einen solchen Eindruck erwecken; bei der *Ausweichung* hingegen ist die Rückkehr zur Ausgangstonika nie in Gefahr. Die Grenzen zwischen diesen beiden Vorgängen sind auch deshalb fließend, weil die Größe der gegebenen Form (und damit die Dauer des Stückes) der Maßstab für „dauerhaft" und „vorübergehend" ist.
Auch die Intensität und der Ablauf der Modulation selbst unterliegen der jeweiligen Absicht des Komponisten: die Modulation kann sich schleichend und damit für den Hörer eher unmerklich vollziehen; sie kann aber auch dem Hörer einen Wandel der tonalen Ebene in aller Offenheit vorführen. Es gibt:
Modulationen als Mittel zum Zweck – wenn der Komponist zielstrebig ein neues tonikales Zentrum sucht und dieses dann bekräftigt,
Modulationen als Selbstzweck – wenn der Hörer durch überraschende, unklare Wendungen (eine Art „tonales Glatteis") verwirrt werden und kein klares Ziel der modulativen Bewegung erkennen soll.

Die Modulation als kompositorisches Gestaltungsmittel stellt *eine* Möglichkeit dar, die namentlich in großen Formabläufen notwendige *Loslösung von der Haupttonika* zu vollziehen. Dieser Loslösungsprozeß beginnt jedoch schon innerhalb eines fest umrissenen tonikalen Raumes mit:

1. *Zwischendominanten*: Dominanten (oder Subdominanten) leitereigener Klänge (vgl. Beispiel 6.1.)
2. *Zwischenkadenzen*: eingeschobene kurze Kadenzformeln zu leitereigenen Klängen (vgl. Beispiel 6.2.)
3. *Ausweichungen*: das Streifen einer meist verwandten Tonart mit der Rückkehr zum Ausgangspunkt (vgl. Beispiel 6.3.)

Als eigentliche Modulationsvorgänge sind unterscheidbar:

1. *direkt-diatonische Modulationen*: das Umdeuten einer leitereigenen Funktion der Ausgangstonart zu der leitereigenen Funktion einer anderen Tonart, der Zieltonart (vgl. Beispiel 6.4.)
2. *indirekt-diatonische Modulationen*: das Umdeuten einer leitereigenen Funktion zu einer anderen Funktion einer Zwischentonart oder mehrerer Zwischentonarten, bis die Zieltonart erreicht ist (vgl. Beispiel 6.5.)
3. *chromatische Modulationen*: der mittels einer chromatischen Führung herbeigeführte Wechsel des tonalen Zentrums (vgl. Beispiel 6.6.)
4. *enharmonische Modulationen*: die (nicht hörbare) enharmonische Umnotierung einer leitereigenen Funktion und das dadurch erreichte „Kippen" um 12 Quinten (vgl. Beispiel 6.7.)

5. *chromatisch-enharmonische Modulationen*: der mit vagierenden Akkorden und enharmonischer Umnotierung eines Akkordtones bzw. mehrerer Akkordtöne gestaltete Übergang von einer Tonart in eine andere (vgl. Beispiel 6.8.)
6. *tonzentrale Modulationen*: der mit einer liegenden Tonachse erreichte Wechsel der tonikalen Ebene (vgl. Beispiel 6.9.)
7. *lineare Modulationen*: Übergänge, die sich einstimmig vollziehen (vgl. Beispiel 6.10.)
8. *Tonalitätsprünge*: der unvermittelte Anschluß einer neuen Tonika, ohne daß ein modulativer Übergang stattgefunden hat (vgl. Beispiel 6.11.)

Die hier vorgenommene Auflistung der acht Modulationsarten stellt lediglich jeweils *einen* möglichen Denkvorgang des Komponisten bei der Planung einer Modulation dar. In der Praxis ist eine scharfe Abgrenzung zwischen den verschiedenen Modulationsarten kaum möglich. Dies zeigen auch die nachfolgenden Beispiele. Es empfiehlt sich, von Beispiel 6.4. an das Original des zitierten Ausschnittes zu Hilfe zu nehmen, da der Modulationsvorgang oft nur aus dem Zusammenhang heraus verständlich ist.

> ⇒ Der Übergang von einer Tonart in die andere wird bei einer *Modulation* an der Schnittstelle mit dem Zeichen ≡ kenntlich gemacht. Der Modulationsvorgang wird eingerahmt.

Beispiel 6.1. – *Zwischendominante*: Schubert, Impromptu (D 935 Nr. 2)

As-dur: *T* ______ *(*D_5 ___ 7 ___ *)* *Tp*^{4} ___ 3 *D*$^{7}_{6}$ ___ 5 *T*

Beispiel 6.2. – *Zwischenkadenz*: Schubert, Impromptu (D 935 Nr. 2)

As-dur: *T* ___ *S* ______________ ←*(*S_3 ___ 1 *T* ___ S_3

Beispiel 6.3. – *Ausweichungen*: Smetana, Die verkaufte Braut, Ouverture

Wagner, Lohengrin, 3. Aufzug, 1. Szene: „Brautchor“

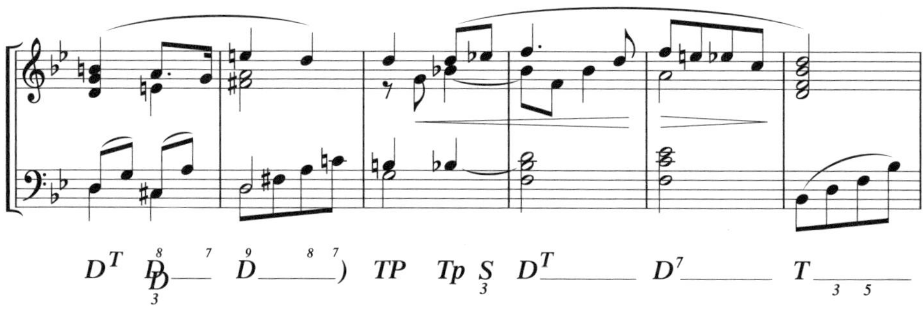

Beispiel 6.4. – *Direkt-diatonische Modulationen* (Quintenbereich abwärts):
Schubert, Klaviersonate G-dur (D 894), 4. Satz

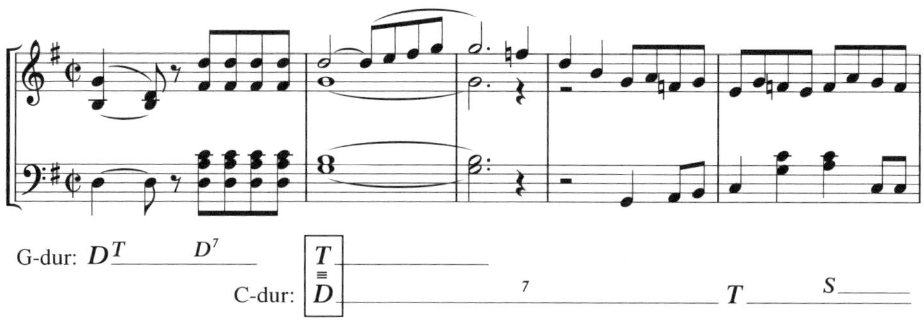

(Quintenbereich aufwärts)
Beethoven, Klaviersonate G-dur op. 31 Nr. 1, 1. Satz

G-dur: T ______ [Tp ≡ s]

h-moll: [Tp ≡ s] D ___ s_3 $D^7_{5>}$ D

Beispiel 6.5. – *Indirekt-diatonische Modulation:*
Mozart, Symphonie g-moll (KV 550), 4. Satz, Ende der Durchführung

cis-moll: s^n ______ D^t ______ $D^{7\ 9\ 8}$ D [T ≡ D]

Fis-dur: [T ≡ D] t_3 $D^{9\ 8\ 7}_3$ ______

Fis-dur: [T ≡ D]

H-dur: [T ≡ D] ___ t ___ $D_{9-\ 8\ 7}$ ______ [D_3 ≡ T_3]

E-dur: [D_3 ≡ T_3] t_3 $D^{9\ 8\ 7}_3$ ______ [T ≡ D]

A-dur: [T ≡ D] t ___

Beispiel 6.6. – *Chromatische Modulation:* Weber, Der Freischütz, 2. Aufzug, 6. Auftritt

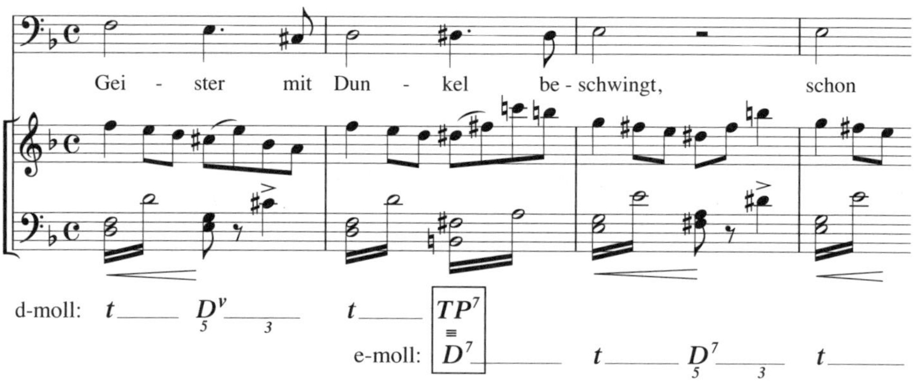

Beispiel 6.7. – *Enharmonische Modulation:* Schubert, Impromptu (D 899 Nr. 2)

Beispiel 6.8. – *Chromatisch-enharmonische Modulation:*
Schubert, Klavierfantasie c-moll (D 993)

Beispiel 6.9. – *Tonzentrale Modulation:* Weber, Der Freischütz, 1. Aufzug, 6. Auftritt

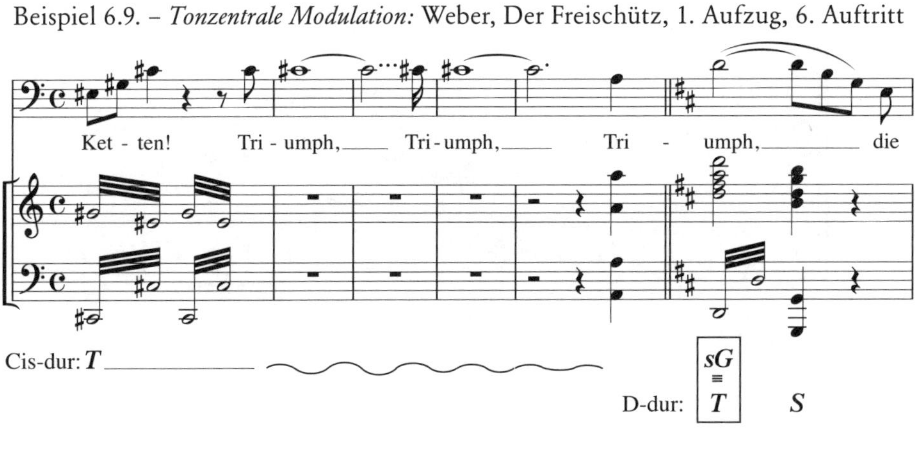

Beispiel 6.10. – *Lineare Modulation:* Mozart, Symphonie C-dur (KV 551), 1. Satz

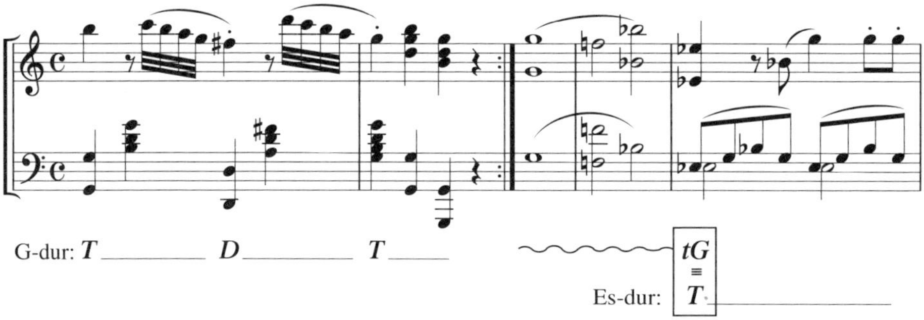

Beispiel 6.11. – *Tonalitätsprung:* Brahms, Ein deutsches Requiem, 7. Satz

I. Direkt-diatonische Modulationen

Gegenstand unserer Untersuchungen ist das Verfolgen modulativer Prinzipien aus der *Perspektive der Analyse* und *nicht das Vermitteln von Rezepten*, wie ein Tonartenübergang zu gestalten ist.
Die Summe der Beobachtungen unterschiedlicher Modulationen läßt es dennoch zu, bei fast jedem Tonartenübergang im Prinzip drei Abschnitte festzustellen:
1. Herrschaftsbereich der alten Tonika,
2. Phase des Übergangs durch Anwendung eines Modulationsmittels,
3. Bekräftigung und Bestätigung der neuen Tonika.
Diese drei Abschnitte sind in ihrer Länge und Ausprägung selbstverständlich von der Einbindung in den gesamten formalen Ablauf abhängig.
Da in der Musik des Generalbaßzeitalters sowohl die Ausdehnung der Form wie auch das Aufsuchen entfernter Tonarten sich in engeren Grenzen vollzog, finden sich in dieser Epoche *direkt-diatonische Modulationsvorgänge* zwangsläufig am zahlreichsten wieder.
Erreicht wird hierbei der Übergang von einer Tonart in die andere durch das Aufsuchen eines Klanges, der an der *Schnittstelle in beiden Tonarten leitereigen* ist: eine Funktion der Ausgangstonart wird zu einer anderen Funktion der Zieltonart. Die Umdeutung des Klanges mit Hilfe des Zeichens ≡ (Schnittstelle) sollte erst dann vorgenommen werden, wenn die Zieltonika durch die Bekräftigung ihrer eigenen Kadenz eindeutig erreicht ist.

Beispiel 6.12. – Bach, Matthäuspassion, Chor Nr. 36d „Weissage“ (Modulation von d-moll nach F-dur durch Umdeutung des g-moll-Dreiklangs)

d-moll: D^{v}_{7} — t_{3} D^{v}_{7} D_{7} t_{3} — $_{1}$ s s_{3}
≡
F-dur: S^{6} D D T

Anmerkungen: Die im letzten Takt stehende Modulation nach F-dur muß wohl deshalb erfolgen, weil der nachfolgende Choral „Wer hat dich so geschlagen“ von Bach in dieser Tonart harmonisiert wird. Ein direktes Anschließen der Tonarten d-moll und F-dur (steigende Terzverwandtschaft!) gilt für die Bachzeit als unüblich.

Beispiel 6.13. – Bach, Messe h-moll, Schluß des „Crucifixus“ (Modulation von e-moll nach G-dur durch Umdeutung des a-moll-Dreiklangs)

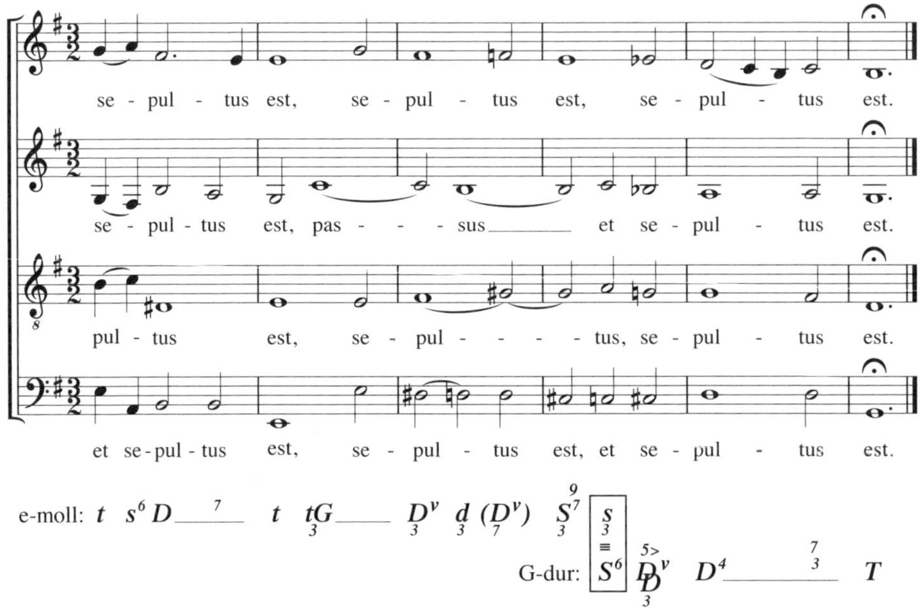

Anmerkungen: Das „Crucifixus“ aus Bachs h-moll-Messe ist – wie viele andere Teile dieser Messe auch – im sog. „Parodieverfahren“ entstanden: es entstammt einer seiner früheren Kompositionen (Kantate „Weinen, Klagen, Sorgen, Zagen“ BWV 12) und steht dort in der Tonart f-moll. Bach transponiert diese Vorlage nach e-moll und unterlegt den Text „Crucifixus etiam pro nobis“. Da das nachfolgende „Et resurrexit“ seiner Textaussage wegen in „leuchtendem“ D-dur zu stehen hat (die Trompeten der Bachzeit sind in D intoniert), die Tonartenfolge e-moll (Schluß des „Crucifixus“) vor D-dur (Beginn des „Et resurrexit“) für seine Zeit jedoch als unzulässig gilt (Ganztonverhältnis, kein Quintverhältnis), vollzieht er in einem viertaktigen Anhang eine Modulation von e-moll nach G-dur, um so das nunmehr schlüssige Quintverhältnis (G-dur vor D-dur) zu gewährleisten.

Beispiel 6.14. – Beethoven, Klaviersonate F-dur op. 10 Nr. 2, 1. Satz

s

F-dur: *s* ≡ *Sp* D^7

T D^7_5 T_3 S^6_5

Anmerkung: Die Rückmodulation vor Beginn der Reprise von D-dur zur Ausgangs- und Haupttonart F-dur erfolgt über den g-moll-Dreiklang, der unter dem Aspekt der „Erweiterten Tonalität“ (vgl. Kapitel 3) als leitereigen gilt.

II. Indirekt-diatonische Modulationen

Ist das Ziel der angestrebten neuen Tonika derart weit vom Ausgangspunkt entfernt, daß eine Umdeutung eines *beiden Tonarten gemeinsamen leitereigenen Klanges nicht möglich* ist, bedarf es einer Zwischenstation oder (bei sehr großen Entfernungen) mehrerer Zwischenstationen, um den modulativen Übergang zu erreichen. Die funktionale Umdeutung eines zwei Tonarten leitereigenen Klanges muß im letzteren Falle einmal oder mehrere Male vorgenommen werden. Die Ausdehnung der Schnittstelle ist immer vom Abstand der zu verbindenden Tonarten abhängig.

Beispiel 6.15. – Mozart, Symphonie C-dur (KV 551), 1. Satz (indirekt-diatonische Modulation von Es-dur nach a-moll innerhalb der Durchführung)

Es-dur: *T*____ S^7_3 ____ $_1$ (s_6 ____ D^7_3 ____ $_1$) *Tp* ≡
g-moll: *s*____

s^6 ——— D^7_5 ——— $_1$ t ——— s_3 ——— D^v_5 ——— $_7$ D^7_3 — D^7_5 —

g-moll: t ≡ d-moll: s D^v_5 D^v_3 D^7

a-moll: t ≡ s D^v_5 ——— $_3$ D^7 t_3 tG_3 d_3 $\not{D}^7_{5>}$

D ——— $\not{D}^v$ ——— D ——— $\not{D}^v$ ——— D ———

III. Chromatische Modulationen

Überwiegt beim Tonartenübergang der chromatische Vorgang und gibt es zwischen den Akkorden an der Schnittstelle der Tonarten keine gemeinsamen Töne, so handelt es sich um eine *chromatische Modulation.* Der Ideenvielfalt des Komponisten, chromatische Effekte mit Hilfe fast aller Akkordformen zu erzeugen, sind keine Grenzen gesetzt.

Beispiel 6.16. – Mozart, Symphonie C-dur (KV 551), 1. Satz

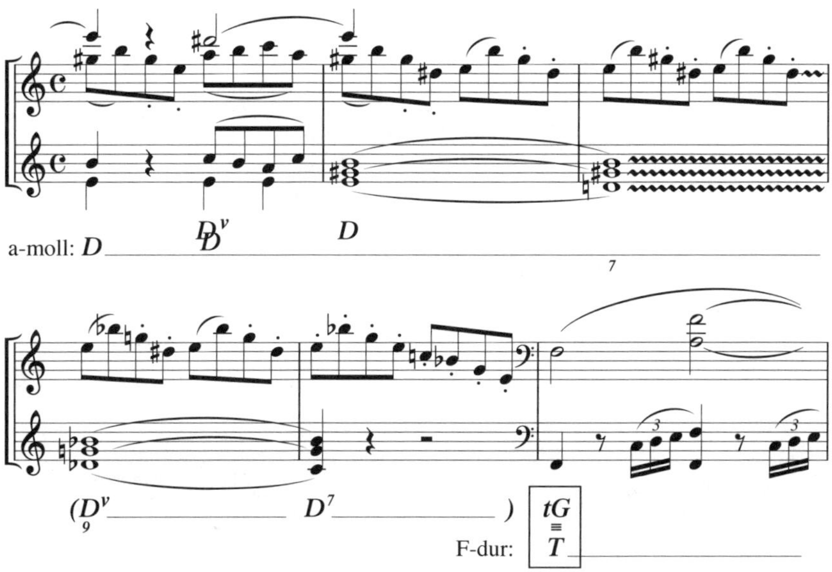

IV. Enharmonische Modulation

Wird eine *leitereigene Funktion enharmonisch umgedeutet* (aus dem ♯-Bereich in den ♭-Bereich oder umgekehrt), ohne daß eine lesetechnische Vereinfachung der Grund für die Umnotierung ist, und nutzt der Komponist den um 12 Quinten gespiegelten Punkt im Tonartensystem, um von diesem aus tonikal fortzufahren, so spricht man von *enharmonischer Modulation.*

Beispiel 6.17. – Schubert, Männerchor „Grab und Mond"

Anmerkungen: Der in Takt 38 notierte E-dur-Sextakkord wird nach der as-moll-Episode als Fes-dur aufgefaßt. Erst die zielstrebige Wendung nach A-dur beweist den enharmonischen Modulationsvorgang.

V. Chromatisch-enharmonische Modulation

Allen *vagierenden Akkorden* (verminderter Septakkord, übermäßiger Dreiklang, übermäßiger Quintsextakkord – vgl. Kapitel 5) ist die Eigenschaft gemein, in sich chromatische Vorgänge mit enharmonischen Umdeutungsmöglichkeiten zu vereinen.
Die für diese Akkorde typische *Mehrdeutigkeit* und somit *Grundtonlosigkeit*, die Eigenart, *verschiedenen* Tonarten angehören zu können, hat in der Geschichte der Komposition schon früh das verführerische Moment hervorgerufen, mit ihrer Hilfe schnell und direkt auch große harmonische Entfernungen zu bewältigen.

1. Modulationen mit dem verminderten Septakkord

Die wohl häufigste Anwendungsform *chromatisch-enharmonischer Modulationen* geschieht mit dem *verminderten Septakkord* (D^v). Seine durch den vagierenden Charakter hervorgerufene *Orientierungslosigkeit im Tonartensystem* prädestiniert ihn, als Modulationsmittel verwendet zu werden. Dabei gehen diese Modulationen mit der *enharmonischen Umdeutung eines oder mehrerer seiner Akkordtöne* einher. In diesen Fällen ist die Analyse des sinngemäß gedeuteten, aber – durch den Komponisten – anders notierten Klanges mit dem Zeichen ≈ zu kommentieren. Eine Analyse mit Bezeichnung des *Baßtones* ist erforderlich, damit die im Vorgang sich wandelnde Bedeutung der funktionalen Auffassung deutlich wird.

Beispiel 6.18. – Bach, Matthäuspassion, Rezitativ Nr. 48

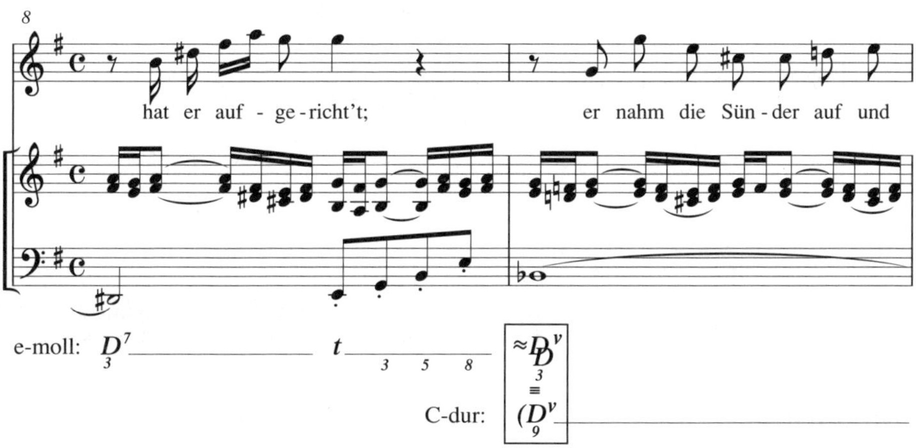

Anmerkungen: Die Modulation von e-moll nach C-dur vollzieht sich im verminderten Septakkord in Takt 9. Der lang ausgehaltene Baßton *b* wird – aus e-moll kommend – als *ais* gehört und zunächst auch so aufgefaßt, bis die Wendung nach D-dur die von Bach schon gewählte Notation des verminderten Septakkordes klärt.

Beispiel 6.19. – Beethoven, Klaviersonate c-moll op. 13, 1. Satz

Anmerkung: Eine fast „lehrbuchartige" Demonstration für die Modulationskraft des verminderten Septakkordes: der zweimal akustisch identische D^v in seiner doppelten Bedeutung ist mit * kenntlich gemacht.

2. Modulationen mit dem übermäßigen Dreiklang

Seltener anzutreffen sind Modulationsvorgänge mit Hilfe des übermäßigen Dreiklangs. Beispiel 6.20. zeigt dennoch, wie wirkungsvoll die modulative Verwendung dieses Klangs sein kann. Die Prinzipien der Modulation (chromatische Führung verbunden mit enharmonischen Umdeutungen) sind denen des verminderten Septakkordes gleichgestellt.

Beispiel 6.20. – Smetana, Die verkaufte Braut, Ouverture

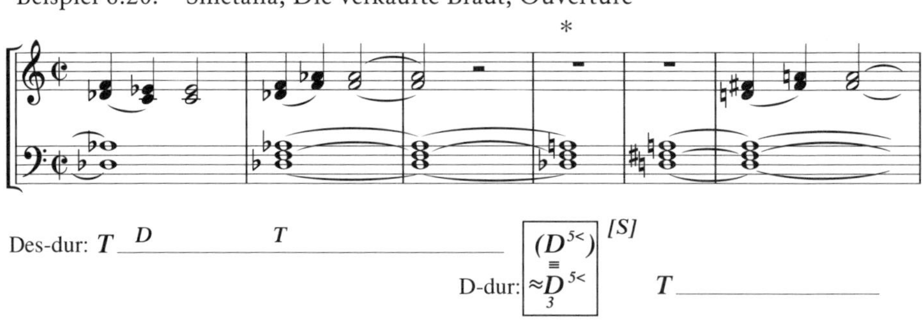

Anmerkungen: Modulation von der Zwischentonika Des-dur in die Zwischentonika D-dur. Die Töne des mit * markierten Taktes (*des – f – a*) müssen in D-dur als *cis – eis – a* aufgefaßt werden.

3. Modulationen mit dem übermäßigen Quintsextakkord

In Kapitel 5 wurde dargestellt, daß der übermäßige Quintsextakkord insbesondere im 19. Jahrhundert zu einem der bevorzugten Modulationsmittel zählt: in der Regel wird dabei ein Dominantseptakkord der Ausgangstonart zum übermäßigen Quintsextakkord der Zieltonart (mit der Bedeutung als $\not{D}^{v}$ auf der *5>*).

Beispiel 6.21. – Tschaikowsky, 4. Symphonie, 3. Satz

Anmerkungen: Das Scherzo steht in der Haupttonart F-dur, der Mittelteil in der Tonart A-dur. Der (klingende) F-dur-Septakkord (*f – a – c – es*) scheint die Subdominante B-dur vorzubereiten; seine Bedeutung ist jedoch die einer Doppeldominantfunktion für A-dur (*f – a – c – dis* = $\not{D}^{v}$ auf der *5>*).

VI. Tonzentrale Modulationen

Tonartenübergänge, die sich der *Achse eines Liegetones* bedienen, der sich in seiner *harmonischen Bedeutung ändert*, werden *tonzentrale Modulationen* genannt. Der dabei meist deutlich wahrnehmbare „Ruck“ im Wechsel des tonalen Zentrums ist ein vom Komponisten durchaus gewünschter Effekt. Tonzentrale Modulationen können sich akkordisch wie auch einstimmig, im *Unisono*, vollziehen.

Beispiel 6.22. – Beethoven, 9. Symphonie, 3. Satz

Beispiel 6.23. – Beethoven, 7. Symphonie, 3. Satz (Übergang vom Trio zum Scherzo) (Modulation von D-dur nach F-dur mit der *doppelten* Tonzentrale *e* und *g*)

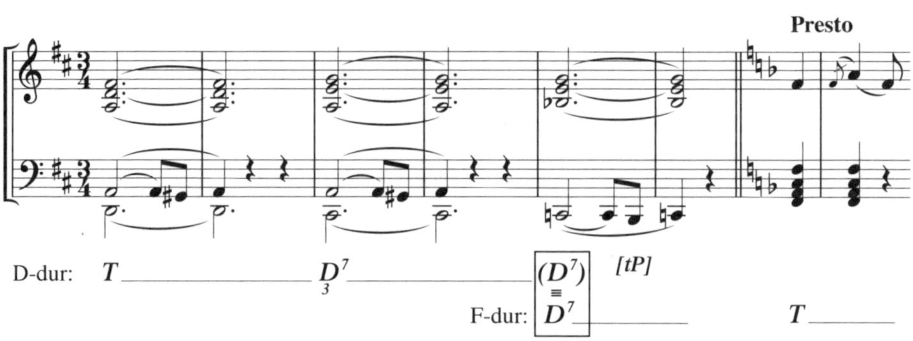

Beispiel 6.24. – Weber, Der Freischütz, 2. Aufzug, 2. Auftritt
(Tonzentrale *e* als Modulationsachse von E-dur nach C-dur)

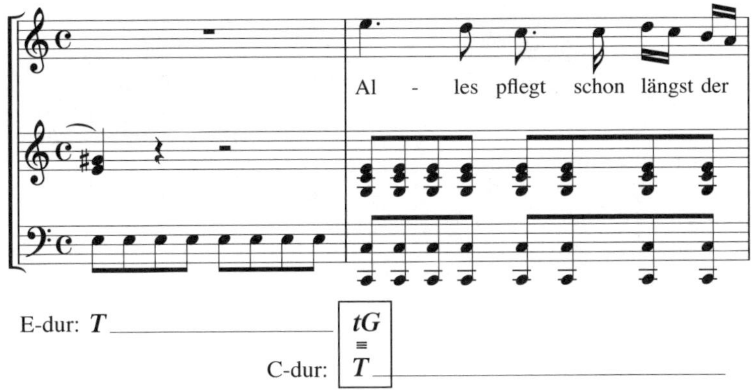

VII. Lineare Modulationen

Verzichtet der Komponist beim Tonartenübergang auf akkordische Bewegungen und weist er die Aufgabe, das tonale Zentrum zu wechseln, einer einstimmigen Linie zu, so spricht man von *linearer Modulation*. In einer linearen Modulation können sich alle bislang dargestellten *Modulationstechniken* (diatonisch, chromatisch, enharmonisch) vollziehen.

Beispiel 6.25. – Beethoven, 1. Symphonie, 1. Satz – Schluß der Durchführung
(Modulation durch ein melodisch aufgebautes *harmonisches Feld*: den Dominantseptakkord der Zieltonika C-dur)

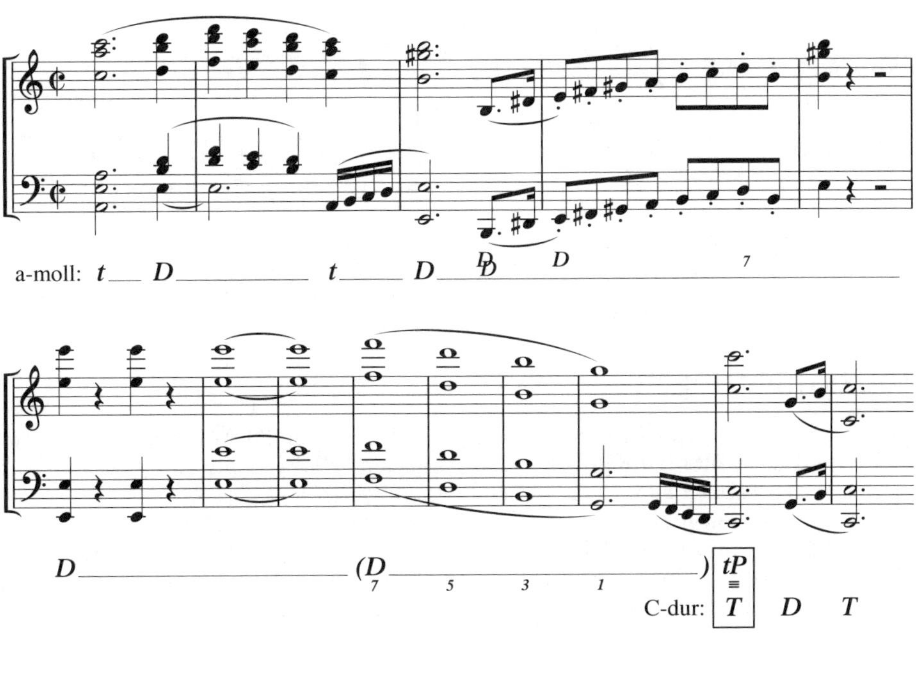

Beispiel 6.26. – Schubert, Klaviersonate G-dur (D 894), 4. Satz (Modulation von G-dur nach Es-dur innerhalb der chromatischen Linie bei *)

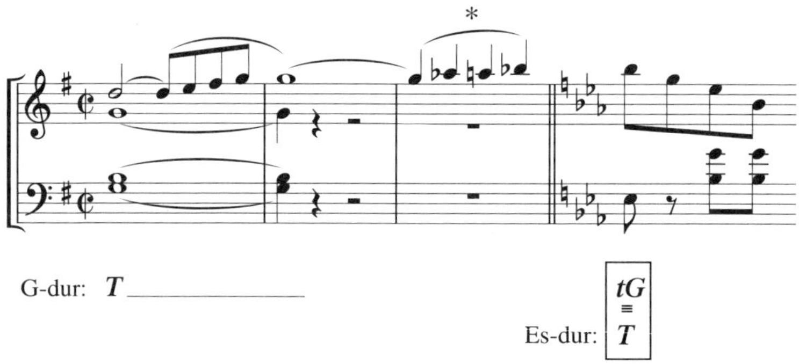

VIII. Tonalitätsprünge

Wenn innerhalb eines formalen Ganzen der Wechsel des tonalen Zentrums vollzogen wird, ohne daß eines der bislang vorgestellten Modulationsverfahren zur Anwendung kommt, will der Komponist mit einem *deutlich wahrnehmbaren, meist rückungsartigen Verfahren* den Hörer unmißverständlich auf eine neue Tonika aufmerksam machen – eine *Modulation* findet nicht statt. Der Sinn solcher *Tonalitätsprünge* besteht im Verhindern gemeinsamer Töne an der Schnittstelle der Tonarten.

Beispiel 6.27. – Schubert, Klaviersonate B-dur (D 960), 1. Satz, Einleitung der Durchführung

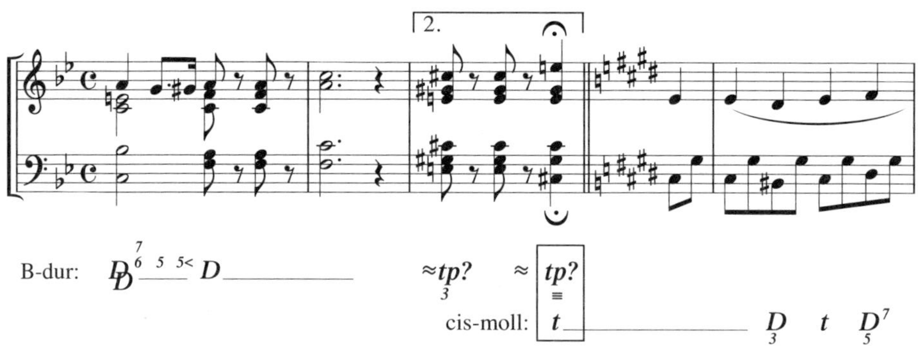

Arbeitsanleitungen

Ergänzend zu den in Kapitel 2 dargestellten „Grundsätzen für das Anfertigen einer harmonischen Analyse" sollte bei den folgenden Aufgabenstellungen im Hinblick auf die zu erwartenden *Modulationsprozesse* zusätzlich bedacht werden:

1. Nach dem Spielen und Hören des Notentextes ist zunächst der Frage nach der Gliederung der Komposition unter dem *Gesichtspunkt tonartlicher Abschnitte* nachzugehen. Als Hilfestellung können die jeweiligen Tonartenebenen mit den entsprechenden Symbolen (Fis, G, as, f usw.) direkt in den Notentext eingetragen werden.

2. Ergeben sich kurzfristige, mit Hilfe von Klammern ( ) *übersichtlich darstellbare Entfernungen von der Haupttonika*, sollte eine *Ausweichung* vorgenommen werden.
3. Eine *Modulation* findet statt, wenn
a) die Entfernung von der Haupttonart derart groß ist, daß eine sinnvolle Bezeichnung mit Hilfe der Klammerbezeichnung ( ) unübersichtlich wird, oder
b) der Komponist eine neue Tonika *eindeutig und dauerhaft bekräftigt*, etwa durch den *Wechsel der Vorzeichen*.

Der Umdeutungsvorgang selber sollte mit Hilfe des Zeichens ≡ an der Stelle erfolgen, bei der im Schnittpunkt beider Tonarten die neue Tonart ihre Kadenzkraft eindeutig entfaltet.

Beispiel 6.28. – Bach, Matthäuspassion, Chor Nr. 45b „Laß ihn kreuzigen"

Anmerkungen: Modulation von a-moll nach H-dur, der Anfangstonart des nachfolgenden Chorals. Im Chorsatz „Laß ihn kreuzigen“ wird das Todesurteil der aufgestachelten Menge nach strengen Gesetzen gefällt: Bach deutet dies durch ein Fugato an, in welchem zunächst nichts auf eine Modulation um einen Ganzton aufwärts hindeutet – die Entwicklung scheint im sechsten Takt eher abwärts (nach d-moll!) zu gehen –, bis durch den Ton *ais* in Takt 8 das Signal zur Aufwärtsmodulation gesetzt wird. (Der Chorsatz wird nach einer eingeschobenen Arie im übrigen tongetreu transponiert wiederholt: die Menge beharrt auf ihrem Urteil, dann von h-moll nach Cis-dur transponiert!)

Beispiel 6.29. – Harmonische Analyse von:
Beethoven, Klaviersonate As-dur op. 26, „Marcia funebre“

4
D t d d 3 5 8 (T
7
Tp S 6 5 D 4 7 3) tP ≈tp ≡ t
h-moll:
10
D7 3 5 8 D 7 t 3 1 D7 3 t D
13
t s 3 5 (S6 DT D)

h-moll: *tP* ___ ←(≈ $\not{D}^{v}_{7}$) $\not{D}^{v}_{3}$ ___ *D* $\not{D}^{v}_{3}$ ___

≡

as-moll: $\not{D}^{v}_{3}$

D $\not{D}^{v}_{3}$ ___ *D* ___ *t* ___ *D t*

Anmerkungen: 30 Takte lang ist dieser A-Teil der in A-B-A-Form geschriebenen „Marcia funebre". Dabei prägen zwei Tonarten die 30 Takte: as-moll und h-moll. Die Modulation von as-moll nach h-moll geschieht enharmonisch (das in Takt 9 notierte h-moll wird nach Takt 8 als vermolltes Ces-dur ≈ H-dur gehört), während die Rückkehr sich von h-moll nach as-moll chromatisch-enharmonisch vollzieht: der am Ende von Takt 16 stehende verminderte Septakkord wird als $\not{D}^{v}$ zur *tP* D-dur umgedeutet und führt als $\not{D}^{v}$ in die Zieltonart as-moll.

Aufgabe 6.A. – Händel, Der Messias, Rezitativ Nr. 27
(Modulation von As-dur nach H-dur)

5
voll von Trau-rig-keit die-se Schmach brach ihm sein Herz. Er schau-te um-
9
her, ob ein Mit-leid sich reg-te: a-ber da war kei-ner, da war auch nicht
12
ei-ner, zu trö-sten ihn: er schau-te um-her, ob ein Mit-leid sich reg-te:
16
a-ber da war kei-ner, da war auch nicht ei-ner, zu trö-sten ihn.

Aufgabe 6.B. – Beethoven, Klaviersonate e-moll op. 90, 2. Satz (Durchführungsmodulation von E-dur nach C-dur und zurück nach E-dur)

Aufgabenbereich 6.C.:

Beethoven, Klaviersonate A-dur op. 2 Nr. 2, 1. Satz: die Durchführung
Klaviersonate d-moll op. 31 Nr. 2, 1. Satz: die Durchführung
Klaviersonate C-dur op. 53 („Waldsteinsonate“), 1. Satz: Modulation in das zweite Thema, Modulation nach dem zweiten Thema vor der Wiederholung
5. Symphonie, 1. Satz: die Durchführung
9. Symphonie, 3. Satz: die Übergänge zu den einzelnen Satzabschnitten
Weber, Der Freischütz: 1. Aufzug, 6. Auftritt; 2. Aufzug, die letzten 58 Takte

7. Harmonik in ein- und in zweistimmiger Musik J. S. Bachs

Die Epoche von ca. 1600 bis ca. 1750 ist aufführungspraktisch dadurch geprägt, daß das Musizieren vom Zentrum des *Generalbasses* ausgeht. Je nach Größe und Besetzung des Werkes spielen in der Generalbaßgruppe ein Tasteninstrument (Cembalo oder Orgel) und ein Baßinstrument (Gambe oder Violoncello, bei größeren Werken zusätzlich Kontrabaß und auch Fagott). In der Regel leitet der Komponist dabei vom Tasteninstrument aus durch Kopfnicken oder Handzeichen die Spieler seines „Collegium musicum" und gilt somit als Vorläufer des später bekannten Typus des Kapellmeisters bzw. des Dirigenten.
Diese (heute wiederentdeckte) Form der Musizierpraxis ist allerdings als das Ergebnis einer geistigen Vorarbeit, nämlich der des *Komponierens,* anzusehen: die Musik des Generalbaßzeitalters wird im Kern geschrieben von der geistigen Mitte *des durchlaufend Akkordischen* (basso continuo). Von Händel wissen wir, daß bei etlichen seiner großen Werke erst die Akkordfolge festgelegt wurde und dann die Instrumentation erfolgte.
Mit der Konzentration auf das Akkordische wird jedoch die kompositorische Tradition des 16. Jahrhunderts, nämlich die hochentwickelte *Vokalpolyphonie* (d. h. die melodische und rhythmische Eigenständigkeit der Einzelstimme und das dadurch gewonnene kunstvolle Stimmgeflecht) nicht völlig aufgegeben.

Es ist vor allem die Musik J. S. Bachs, in der beide Stilelemente fortleben und bis in sein Spätwerk hinein eine in der Musikgeschichte einsam gipfelnde Synthese erfahren. Bei Bach überlebt die Kunst des *Kontrapunkts* (d. h. die Lehre, polyphone Musik zu schreiben) den Zeitgeist und ragt januskopfartig in eine neue Epoche hinein: während er in Leipzig seine kontrapunktisch meisterhaften Spätwerke schreibt („Das Musikalische Opfer", 1747, und „Die Kunst der Fuge", von 1745 bis zu seinem Tode, 1750), wird andernorts (Mannheim, Wien) schon der neue Zeitgeist, die sog. „Frühklassik", bestimmend.
Die beiden „Eckpfeiler" der Bachschen Kompositionsweise, *Generalbaß* und *Kontrapunkt,* sind in allen seinen Werken, also auch in der linear gehaltenen ein- und zweistimmigen Instrumentalmusik, zu beobachten. Die folgenden Untersuchungen zeigen deshalb Möglichkeiten auf, die Ganzheit der Musik Bachs zu erfassen, d. h. sein Denken im Akkordischen gerade in der Ein- und der Zweistimmigkeit zu erkennen und zu bestimmen.
⇒ So ist *dreistimmige Musik* (wie die „Dreistimmigen Inventionen", viele Präludien und alle Fugen des „Wohltemperierten Klaviers" oder etliche Partiten und Suiten) an ihren tatsächlich dreistimmigen Stellen harmonisch meist eindeutig bestimmbar. Stellen zweistimmiger oder gar einstimmiger Faktur können mit den nachfolgend entwickelten Analysemethoden in entsprechender Weise gedeutet werden.

I. Harmonik in einstimmiger Musik Bachs

In seiner Stellung als Hofkapellmeister zu Köthen schreibt Bach im Jahre 1720 je drei Sonaten und Partiten für Violine solo (BWV 1001–1006) sowie sechs Suiten für Violoncello solo (BWV 1007–1012).

All diese Solowerke haben trotz des Fehlens einer Begleitung eine harmonische Basis, die es aufzudecken gilt. Ein Cembalo, welches in Gedanken still mitspielt und eine harmonische Erklärung gibt, wird dem Interpreten eine Hilfestellung sein; denn er muß als Solist beides darstellen: Streicher und Cembalist!
Andererseits liegt die spezifische Bedeutung der Solowerke Bachs in ihrer Unabhängigkeit von einem mitlaufenden basso continuo. Das Vage und Offene, die vielfachen Mehrdeutig-

keiten verbieten eine mitlaufende Begleitung und damit eine Interpretation des Harmonischen: manche Festlegung würde in die vom Komponisten gewollte Eigenart des Werkes eingreifen! Entsprechende Versuche Schumanns und Mendelssohn Bartholdys, die „latente Harmonik“ in den Solowerken Bachs durch eine Klavierbegleitung zu verdeutlichen, müssen aus der historischen Situation des 19. Jahrhunderts heraus begriffen werden.

Eine harmonische Analyse einstimmiger Musik, die akkordische Assoziationen hervorruft, sollte nun im einzelnen den folgenden Untersuchungsaspekten nachgehen.

1. Taktschwerpunkte

Die betonten Zählzeiten des vorgegebenen Taktes sind immer *akustische*, meist auch *kadenzielle Stützpfeiler* der Komposition.
Taktschwerpunkte werden in der Musik der Bachzeit betont gespielt. Wenn die Erwartung eines klar erkennbaren Kadenzgangs nicht eingelöst wird, muß darin die erklärte Absicht des Komponisten vermutet werden, eine Spannung aufzubauen. Trübungen des nach Taktschwerpunkten gegliederten Kadenzgangs können sein: dissonante Verzögerungen (Vorhalte), Verzierungen (Triller) sowie metrische Umstellungen (Hemiolen, s. u.).
Das in Beispiel 7.1. klar erkennbare g-moll-Kadenzmodell wird durch Doppelgriffe und hinzutretende leere Saiten spieltechnisch einerseits unterstützt, durch Verzögerungstechniken (Vorhalte) kompositorisch andererseits getrübt.

Beispiel 7.1. – Taktschwerpunkte als kadenzielle Stützpfeiler:
Sonate g-moll für Violine (BWV 1001), Adagio

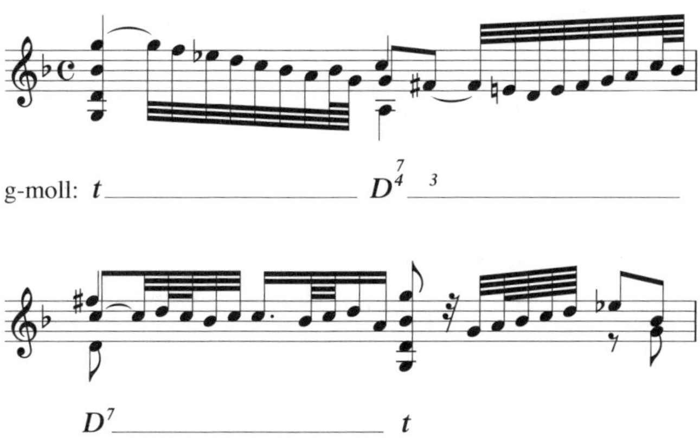

Da harmonische Analyse ein- oder zweistimmiger Linien nur die Bestimmung des vom Komponisten vermutlich gedachten Kadenzgangs bedeuten kann, entfällt die Notwendigkeit einer genauen Baßtonbezeichnung: sie ist der Drei- und Mehrstimmigkeit vorbehalten, wenn die beteiligten Stimmen ihre Qualitäten als Ober- und Unterstimmen entfalten können.

In Beispiel 7.2. wird der Harmoniewechsel durch einen einzelnen Ton am Taktbeginn vollzogen.

Beispiel 7.2. – Harmoniewechsel auf den Taktschwerpunkten, herbeigeführt durch einen Einzelton: Suite C-dur für Violoncello (BWV 1009), Prélude

Vom Regelfall der Übereinstimmung von Taktschwerpunkt und Harmoniewechsel weicht Bach dann gerne ab, wenn er das Ende eines Satzes oder eines Abschnittes daraus anzeigen möchte; in diesen Fällen wird der Harmoniewechsel in die einzelnen Zählzeiten gelegt und dadurch beschleunigt.
(Für den Ausführenden wird das Wissen darum eine Hilfe für eine sinngliedernde und damit strukturell erhellende Interpretation sein.)

Beispiel 7.3. – Beschleunigung des Harmoniewechsels am Ende eines Abschnitts: Suite G-dur für Violoncello (BWV 1007), Courante

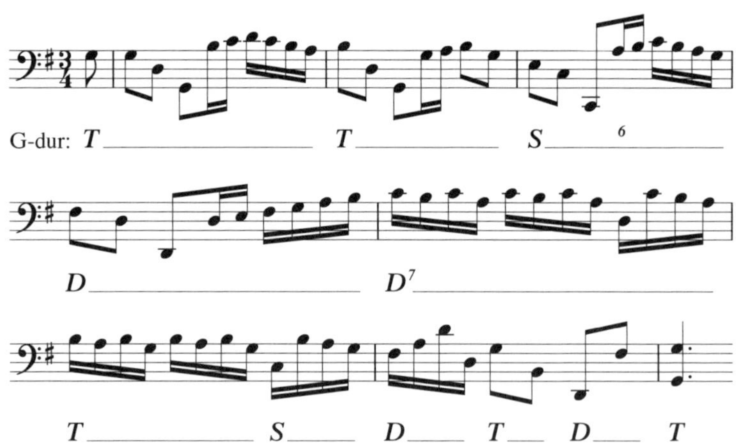

Eine nach alten Vorbildern gestaltete Umstellung der Betonungen und des damit einhergehenden, von der Regel abweichenden Harmoniewechsels ist die von Bach häufig verwendete *Hemiole* (griech. *hemiólios* = eineinhalbfach – das bedeutet: aus 2 x 3 wird 3 x 2).
Hemiolen sind für den Hörer der Bachzeit eindeutige „Signale“ der Schlußbildung, so daß mit ihrem Erklingen das Ende eines Satzes oder eines Satzteiles erkennbar wird.

Beispiel 7.4. – Hemiole als Signal der Schlußbildung:
Partita h-moll für Violine (BWV 1002), Sarabande

2. Harmonische Zellen und Felder

Von Paul Hindemith stammt das Begriffspaar „harmonische Zellen und Felder" („Übungsbuch für den zweistimmigen Satz", Mainz 1939, S. 87ff).
Als *harmonische Zelle* bezeichnet man die dem Ohr innewohnende Fähigkeit, ein *Intervall* als Vertreter eines *ganzen Akkordes* aufzufassen. Der Dreiklangs*terz* kommt dabei entscheidende Bedeutung zu: sie kann in Verbindung mit dem Grundton, der Quinte oder der Septime die jeweilige Funktion darstellen; eine Funktionsbestimmung allein durch Grundton und Quinte wird dagegen vage bleiben.

Beispiel 7.5. – Harmonische Zellen zur Darstellung des C-dur-Dreiklanges und des G-dur-Septakkordes

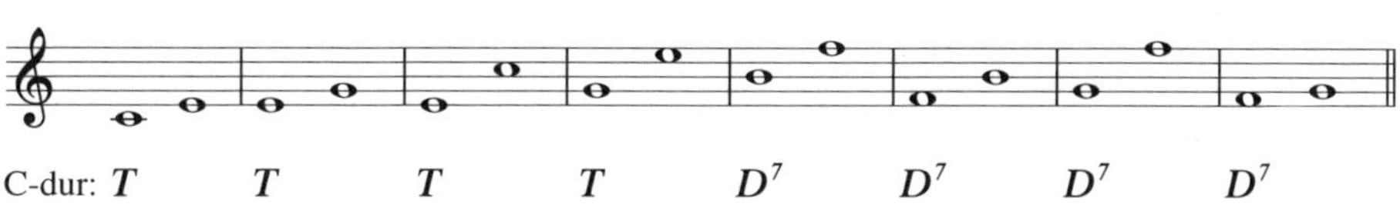

Beispiel 7.6. – Harmonische Zellen:
Suite d-moll für Violoncello (BWV 1008), Menuett II

Harmonische Felder liegen vor, wenn taktweise, halbtaktweise oder innerhalb von Zählzeiten Dreiklangs- oder Akkordbrechungen stehen, die eine eindeutige Funktionsbestimmung zulassen.

Beispiel 7.7. – Ganztaktige harmonische Felder: Partita E-dur für Violine (BWV 1006), Preludio

Ein harmonisches Feld gerät auch dann nicht in Gefahr, wenn harmoniefremde Töne hinzutreten (siehe die Wechselnoten W in Beispiel 7.8.).

Beispiel 7.8. – Harmoniefremde Töne in harmonischen Feldern: Suite G-dur für Violoncello (BWV 1007), Prélude

3. Harmoniefremde Töne

Ist die analytische Vorarbeit mit dem Auffinden der Taktschwerpunkte, des Wechsels der Harmonien und der Eingrenzung von harmonischen Zellen und Feldern geleistet, wird die Bestimmung der *harmoniefremden Töne* vorgenommen.
Daß in den Solowerken Bachs dabei eine Bevorzugung von *Durchgangsbewegungen* zu beobachten ist, liegt bei den Melodieinstrumenten Violine und Violoncello auf der Hand. Häufig wechseln lineare Abschnitte (Durchgänge!) mit akkordischen; sie können aber auch kunstvoll ineinander übergehen.

Beispiel 7.9. – Lineare und akkordische Faktur:
Suite G-dur für Violoncello (BWV 1007), Allemande

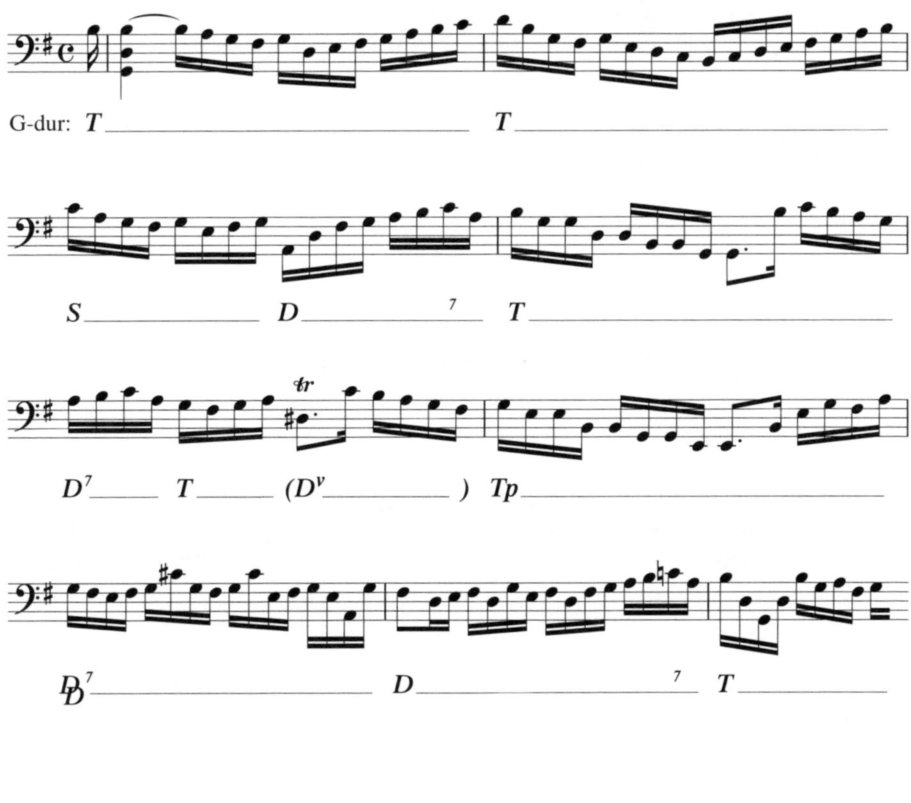

Bach läßt den Zuhörer aber auch oft im Ungewissen über den harmonischen Verlauf: ist der Anfang des folgenden Beispiels tonikal (c-moll) oder dominantisch (G-dur)?

Beispiel 7.10. – Uneindeutigkeit durch Linearität und fehlende harmonische Zellen: Suite c-moll für Violoncello (BWV 1011), Gavotte II

Wahrscheinlich als tonikal zu bestimmen ist dagegen die mit ○ markierte Tonfolge in Beispiel 7.11., da der gesamte Satz einer ganztaktigen Harmonisation unterliegt.

Beispiel 7.11. – Modellhafte ganztaktige Harmonisation: Sonate C-dur für Violine (BWV 1005), Allegro assai

Vorhaltsbildungen dienen Bach dazu, den vom Hörer erwarteten Harmoniewechsel auf den Taktschwerpunkten durch Verzögerung zu verschleiern.

Beispiel 7.12. – Vorhaltsbildungen:
Sonate g-moll für Violine (BWV 1001), Adagio

Neben *Wechselnoten* (vgl. Beispiel 7.8.) und sonstigen *Nebennoten* (vgl. Beispiel 7.12.) finden sich gelegentlich auch *Vorausnahmen*. Ihnen kommt auch in den einstimmigen Werken die Bedeutung eines „Signals“ als Zeichen der Beendigung eines Formabschnittes zu.

Beispiel 7.13. – Vorausnahme als „Signal“ der Beendigung eines Teils:
Suite c-moll für Violoncello (BWV 1011), Prélude

II. Harmonik in zweistimmiger Musik Bachs

Die Analyse der Solowerke für Violine und Violoncello hat gezeigt, daß Bach die spieltechnischen Möglichkeiten dieser Instrumente nutzt und die Einstimmigkeit durch Doppelgriffe und hinzutretende leere Saiten bis hin zur Vierstimmigkeit erweitert.
Die nachfolgend erläuterten „Zweistimmigen Inventionen“ von 1723 dagegen sind Stücke für ein Tasteninstrument, in welchen *Zweistimmigkeit* eine permanente Beteiligung *zweier gleichberechtigter* Stimmen meint: Gleiches gilt für die zweistimmigen Präludien aus beiden Zyklen des „Wohltemperierten Klaviers“.

Die Vermutung, daß durch die zweite Stimme eine eindeutige Klärung des harmonischen Ganges möglich sei, wird nicht immer bestätigt werden können.
Dabei steht zunächst ganz unzweifelhaft auch bei den zweistimmigen Werken das kompositorische Denken aus der *Perspektive des Akkordischen,* d. h. das harmonische Denken, im Vordergrund.
Beispiel 7.14. enthält trotz der Beschränkung auf die Zweistimmigkeit fast alle Stilelemente, welche für die Tonsprache Bachs als typisch anzusehen sind:
- das unablässig Fließende, die „barocke Motorik“,
- die Orgelpunktbildungen,
- das flächige Denken und Fortschreiten in harmonischen Feldern (halbtaktig wiederholt),
- das Einbeziehen von harmoniefremden Tönen (parallel geführte Wechselnoten, zu Anfang mit ○ markiert).

Beispiel 7.14. – Bachsche Stilelemente in der Zweistimmigkeit:
Wohltemperiertes Klavier I, Präludium c-moll (BWV 847)

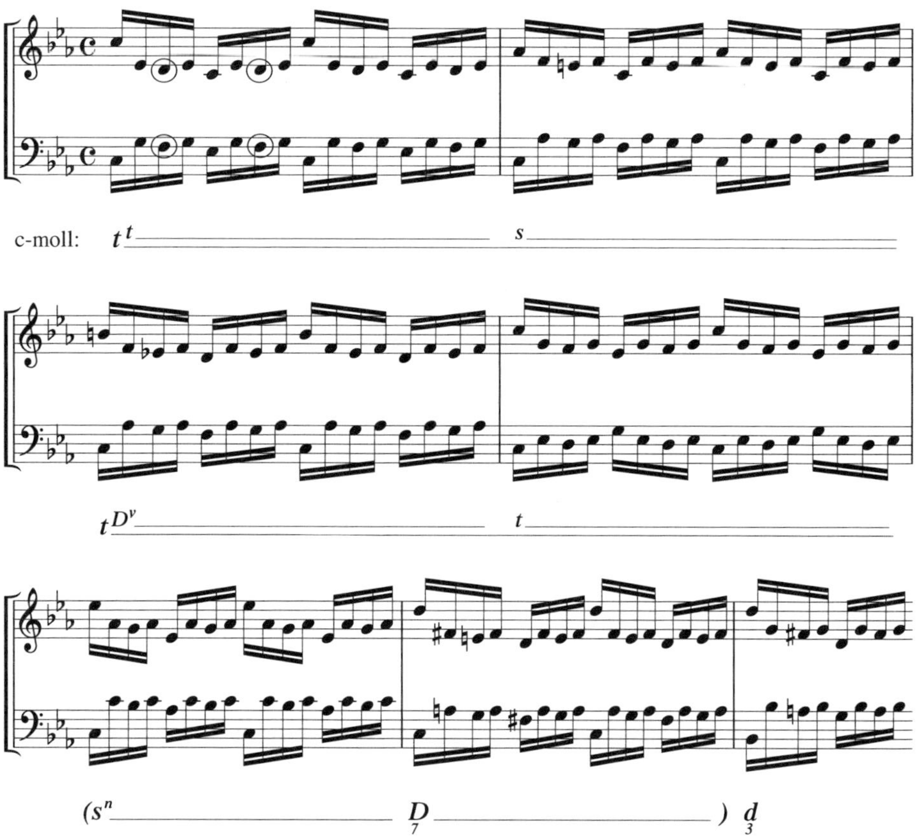

Die Zweistimmigkeit kann bei Werken streng polyphoner Anlage Auskunft über harmonisch zweifelhafte Stellen geben. Ist die mit ○ markierte harmonische Zelle in Beispiel 7.15. harmoniefremd in ein C-dur-Feld eingebunden, oder liegt ein Harmoniewechsel vor?

Beispiel 7.15. – Mehrdeutigkeit infolge Einstimmigkeit:
Zweistimmige Invention C-dur (BWV 772), Themenkopf

Die Antwort gibt Bach beim Einsatz der linken Hand:

Beispiel 7.16. – Eindeutigkeit dank Zweistimmigkeit:
Zweistimmige Invention C-dur, Themenkopf und Gegenstimme

C-dur: *T*_____ *D*^{7}_ *T*_________ *D*^{7}_ *T*__ *D*_______

Zuweilen reicht auch die Zweistimmigkeit nicht aus, um harmonisch eindeutige Analysen geben zu können. Der Beginn des Präludiums a-moll läßt ahnen, wie sehr es Bach um die Verschleierung klarer harmonischer Verhältnisse geht: die Zweistimmigkeit wird in ihrer Unzulänglichkeit „vorgeführt" und verleiht dadurch dem gesamten Stück seinen unverwechselbaren Charakter. Die eingerahmten harmonischen Felder scheinen im Widerspruch zu den angegebenen Funktionen zu stehen. In Wirklichkeit ergeben sich diese Felder durch frei anspringende Nebennoten, welche eine leittönige Bedeutung zum Grundton der jeweiligen Funktion haben. (Vgl. das erste eingerahmte Feld: *dis* ist der Leitton zur Dominantfunktion E-dur!)

Beispiel 7.17. – Mehrdeutigkeit trotz Zweistimmigkeit:
Wohltemperiertes Klavier II, Präludium a-moll (BWV 889)

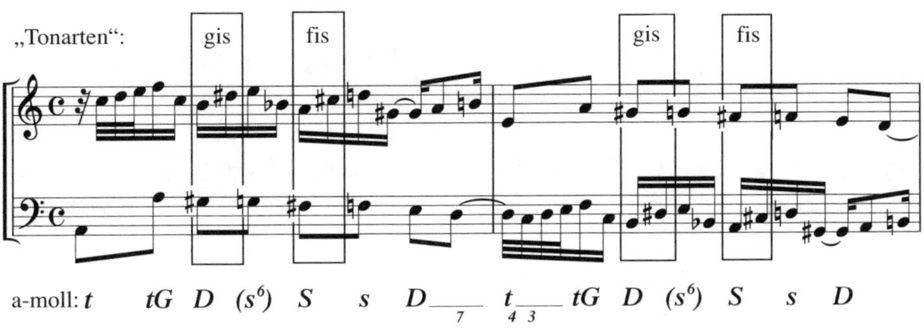

a-moll: *t* *tG* *D* (*s*^{6}) *S* *s* *D*$_{7}$___ *t*$_{4\ 3}$___ *tG* *D* (*s*^{6}) *S* *s* *D*

D^7___ t $D^{43}(D^7)$ s $(D\,D^{43}\,D^7)$ d^{43} dG $(D$ d S s $D_7)$ d_{43} dG

> *ZUSAMMENFASSUNG*
>
> Ein- und zweistimmige Instrumentalmusik J. S. Bachs unterliegt dem gleichen *Denken in Harmonien* wie seine drei- und mehrstimmigen Werke. Die Aufgabe der harmonischen Analyse muß es sein, das *Akkordgerüst*, in welches die Linearität der Stimme oder der Stimmen eingebettet ist, zu erkennen und zu bestimmen. Auf eine Baßtonkennzeichnung kann verzichtet werden.
> Neben der Beachtung der *Taktschwerpunkte* und des damit verbundenen (oder davon abweichenden!) *Harmoniewechsels* sind *harmonische Zellen und Felder* einzugrenzen und *harmoniefremde Töne* zu kennzeichnen. Die Summe dieser Detailarbeit führt dazu, das Akkordgerüst in Funktionsbezeichnungen aufzeigen zu können.

Beispiel 7.18. – Harmonische Analyse: Zweistimmige Invention d-moll (BWV 775)

d-moll: t___ D^v___ t___ D^v___ t___ D^v___

t___ $\boxed{s \equiv Sp}$

F-dur: Sp___ D___ T___ S___ D___

Teil II
13
3:4
HEMIOLE
T Tp Sp D T Tp S6D T
19
D T D T (D7) Sp
25
D7 T Tp
a-moll: s D' D t D
30
D
35
HEMIOLE
3:4
t D 7 8 tG s D t sn
d-moll: tG (D) s

*(D______) tP_____ t_ D^7_______ t_______ D^v_______ t_____ s_*

D^v_____ t_____ S D_____ tG_______ D^v_____ t_____ s D_____ t

Anmerkungen: Welche Erkenntnisse eine harmonische Analyse über die formale Gestaltung eines Musikstückes liefern kann, beweist eine Untersuchung dieser Invention.
Im ersten Teil wird durch Sequenzgänge (von Takt 7 an) eine Modulation zur ***tP*** (F-dur) erreicht. Das Ende dieses Teils wird durch die Hemiole (Takte 16/17) eingeleitet: sie bewirkt eine Unterbrechung der bis dahin dominierenden Sechzehntelmotorik und eine Verschiebung des Akkordischen; gleichzeitig gibt sie dem Hörer das Signal der „Unterbrechung" und des „Neubeginns".
Der zweite Teil hat den Charakter einer „Durchführung": zunächst findet eine Modulation von F-dur nach a-moll statt; am Schluß wird durch eine erneute Hemiole (Takte 36/37) ein scheinbar dritter Teil eingeleitet. In Wirklichkeit bleiben die Takte 38 bis 43 jedoch harmonisch so vage, daß erst von Takt 44 an (Thema in der Tonika d-moll) von einem dritten Teil gesprochen werden kann.
Der nur 9 Takte dauernde Schlußteil wird durch die beiden Hemiolenformen (Takte 47/48 und 50/51) geprägt: sie verlangen vom Interpreten, daß er durch sein Spiel (Betonungverschiebung!) den groß angelegten metrischen „Bremsvorgang" Bachs bewußt macht.

Aufgabe 7.A.1. – Partita d-moll für Violine (BWV 1004), Courante

Aufgabe 7.A.2. – Suite G-dur für Violoncello (BWV 1007), Menuett I

Aufgabe 7.A.3. – Wohltemperiertes Klavier I, Präludium F-dur (BWV 856)

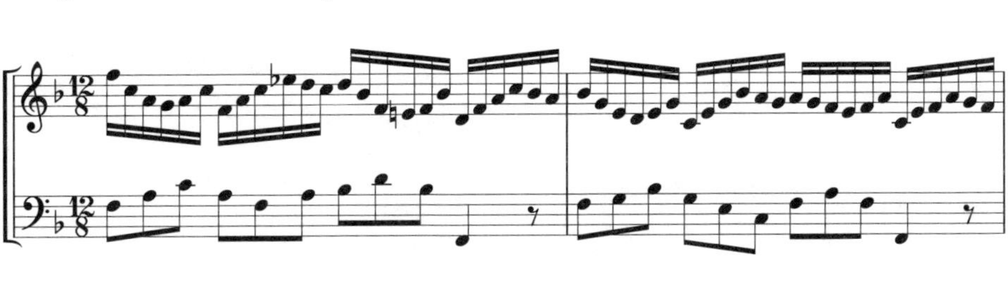

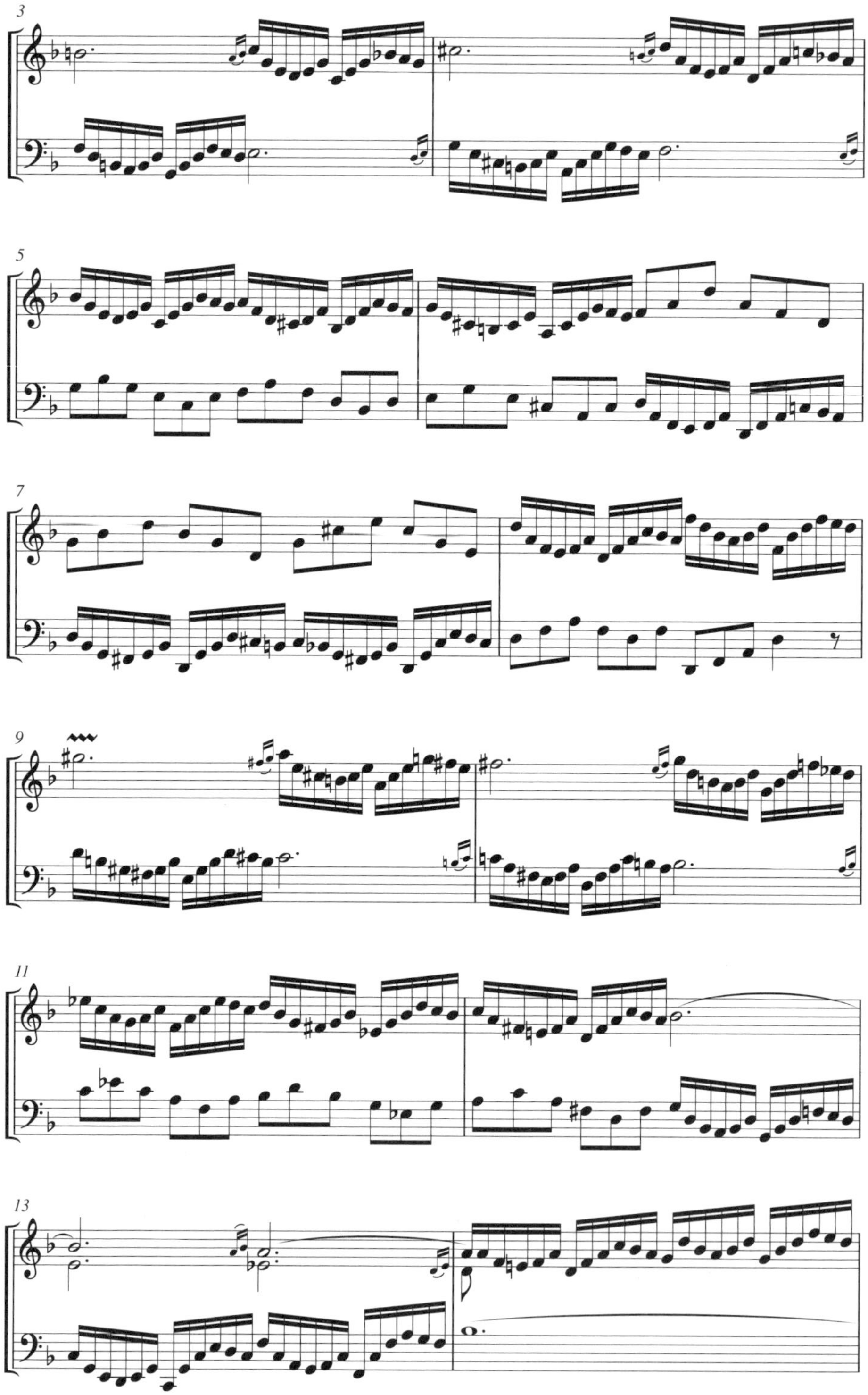
3
5
7
9
11
13

Aufgabe 7.B.1. – Suite C-dur für Violoncello (BWV 1009), Sarabande

Aufgabe 7.B.2. – Wohltemperiertes Klavier I, Präludium D-dur (BWV 850)

13
15
17
19
21
23
25

Aufgabenbereich 7.C.:

(Grundsätzlich sollte die gesamte ein- und zweistimmige Literatur Bachs mit den angegebenen Analysemethoden gedeutet werden können. Die nachfolgende Auswahl ist eine Zusammenstellung besonders geeigneter, weil übersichtlicher Stücke.)

Partita h-moll für Violine (BWV 1002), Double der Allemande und Courante
Sonate a-moll für Violine (BWV 1003), Schlußsatz Allegro
Partita d-moll für Violine (BWV 1004), Sarabande
Sonate C-dur für Violine (BWV 1005), Schlußsatz Allegro assai
Suite G-dur für Violoncello (BWV 1007), Prélude, Allemande und Courante
Suite C-dur für Violoncello (BWV 1009), Courante
Suite c-moll für Violoncello (BWV 1011), Prélude
Wohltemperiertes Klavier I: Präludium d-moll (BWV 859) und Präludium G-dur (BWV 869)
Wohltemperiertes Klavier II: Präludium d-moll (BWV 875) und Präludium h-moll (BWV 893)
Zweistimmige Inventionen: F-dur (BWV 779), G-dur (BWV 781) und h-moll (BWV 786)

Literaturverzeichnis gängiger Musikwerke (Aufgabenbereich C)

Johann Sebastian Bach

Suiten, Partiten und Sonaten
für Violine und Violoncello
Zwei- und dreistimmige Inventionen
Wohltemperiertes Klavier I und II
Weihnachtsoratorium
Johannespassion
Matthäuspassion
Messe h-moll

Georg Friedrich Händel

Der Messias

Wolfgang Amadeus Mozart

Klaviersonaten
Klavierkonzert c-moll KV 491
Symphonien KV 550 und 551
Die Hochzeit des Figaro
Die Zauberflöte
Requiem

Ludwig van Beethoven

Klaviersonaten
Symphonien

Carl Maria von Weber

Der Freischütz

Franz Schubert

Winterreise
Die schöne Müllerin
Verschiedene andere Lieder
Symphonien
Klaviersonaten
Impromptus für Klavier
Moments musicaux

Robert Schumann

Album für die Jugend
Kinderszenen

Frédéric Chopin

Mazurken

Richard Wagner

Tannhäuser
Siegfried

Giuseppe Verdi

Requiem

Anton Bruckner

Symphonien 7 und 9

Johannes Brahms

Ein deutsches Requiem

Max Reger

Aus meinem Tagebuch

Lösungsteil

Aufgabe 2.A.

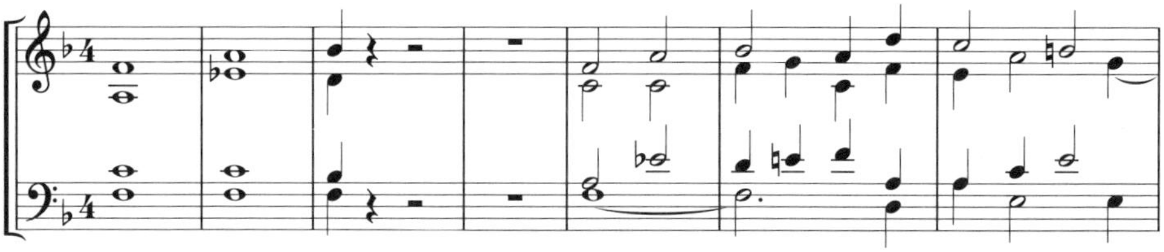

F-dur: *T* — (D^7) — *S* *T* — (D^7) — *S* $\not{D}^7$ *T* *Tp* *Dp*←$(D^{t\,d^4\ 3})$

$T^{9\ 7}$ *Tp* ←$(d^{4\ 3})$ D_7 $^{7}_{5}$ T_3 *D* $\not{D}$ *D* *T* *Tg* *T* $S_{1\ 3}$ $D^{4\ 3}$ *T*

Aufgabe 3.A.

g-moll: *(D)* *tG* s^6 *t* *tG* *sG* $\not{s}$ D_3 *t* *sG* s_3 $\not{s}^{6\ 5}$ *t* *D*

(D) *tG* s^6 *t* *tG* D^v_7 t_3 $\not{D}$ *t* *sG* *tP* s^6 $D^{8\ 7}$ *T*

Aufgabe 4.A.1.

c ______ ? e ______ $^{6-}_{5}$ A ______ $\underset{3}{A}$ Cis H ______

h ______ G ______ $D^{4\ 3}$ ______ H ______ h ______ G ______ $D^{4\ 3}$ ______ Fis __

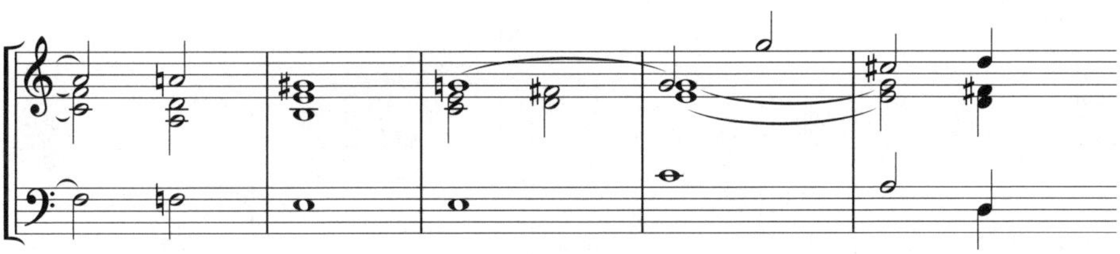

Fis $\underset{3}{d}$ E $\underset{3}{C}$ ______ D ______ C ______ A^7 D

Aufgabe 4.A.2.

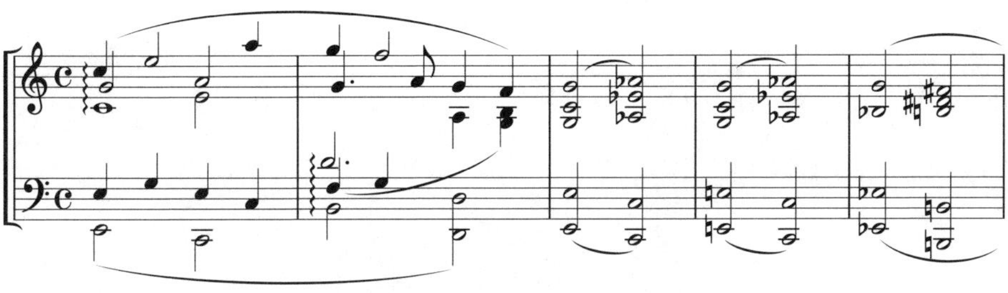

C-dur: $\underset{3}{T}$ ______ $\underset{1}{6}$ ______ $\underset{3}{D^7}$ ______ 5 ______ $\underset{3}{T}$ $\underset{3}{tG}$ $\underset{3}{T}$ $\underset{3}{tG}$ tP DG

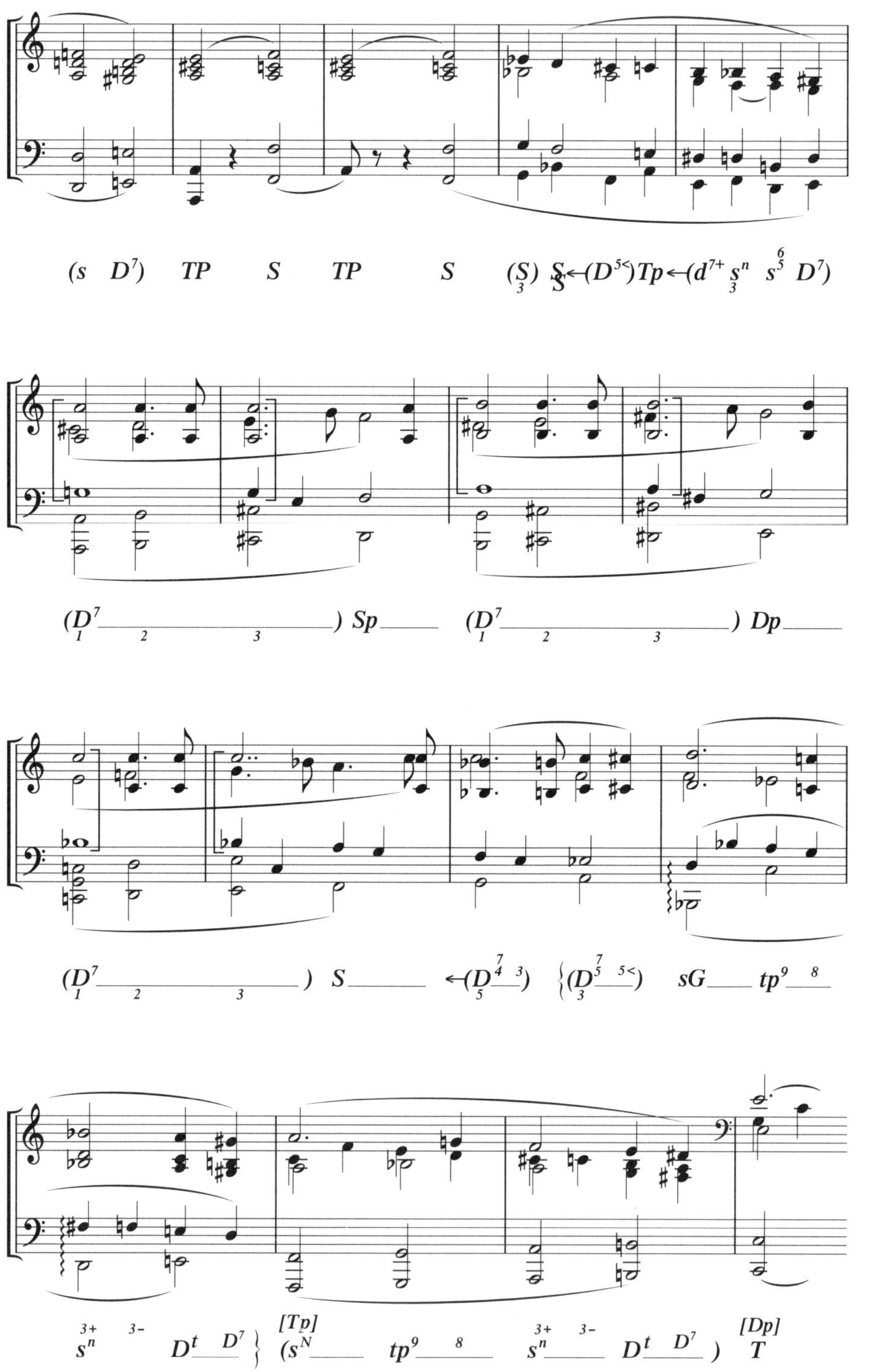
(s D7) TP S TP S (S) S←(D5<)Tp←(d7+ s s D7)
(D7 1 2 3) Sp (D7 1 2 3) Dp
(D7 1 2 3) S ←(D 7 4 3) {(D 7 5 5<) sG tp9 8
s^n 3+ 3- Dt D7 } [Tp] (s^N tp9 8 s^n 3+ 3- Dt D7) [Dp] T

Aufgabe 5.A.

C-dur: T ______ D^7_3 ___ T ______ (s^6 ___ D^7 ___) TG ___

(D^v_7 ___ t_3 ___ D^v_3 ___) Tp ___ S ______ (D^v) S ___

($DD^v_{5>}$ ___) Tp_5 ←(≈$DD^{v\,5>}_3$ ___) (≈$DD^v_{5>}$ ___) Dg_5 ___ (D^7 ___ DD^v_3 ___ D ___

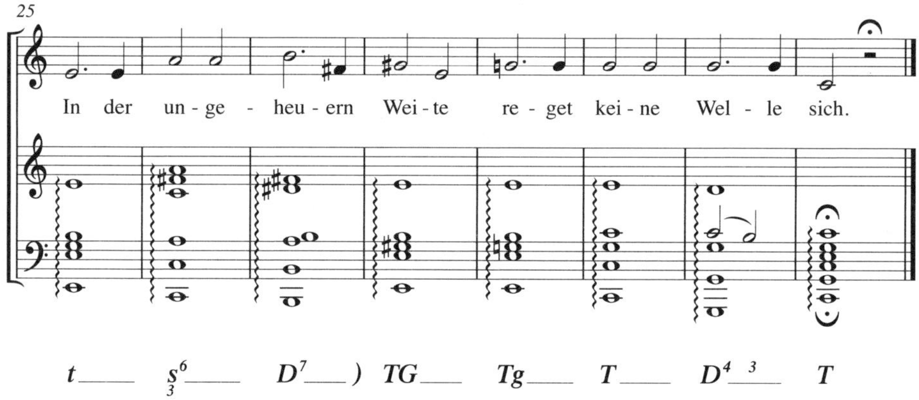
25
In der un - ge - heu - ern Wei - te re - get kei - ne Wel - le sich.
t s6 D7) TG Tg T D4 3 T

Aufgabe 6.A.

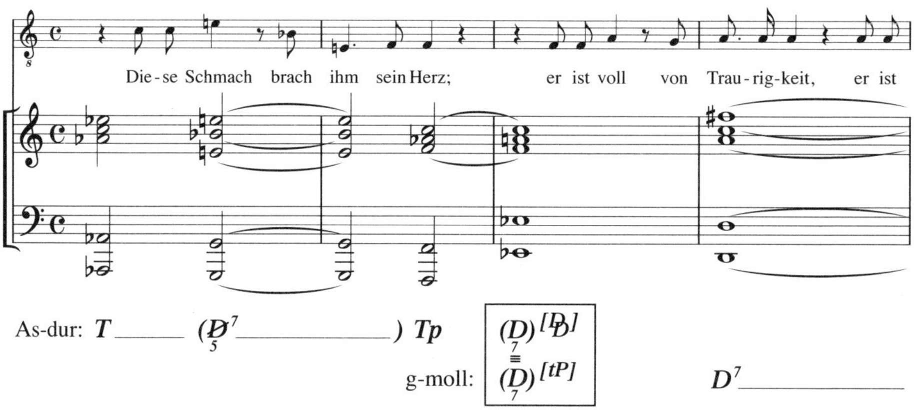
Die - se Schmach brach ihm sein Herz; er ist voll von Trau - rig - keit, er ist
As-dur: T (D7) Tp
g-moll:
D7

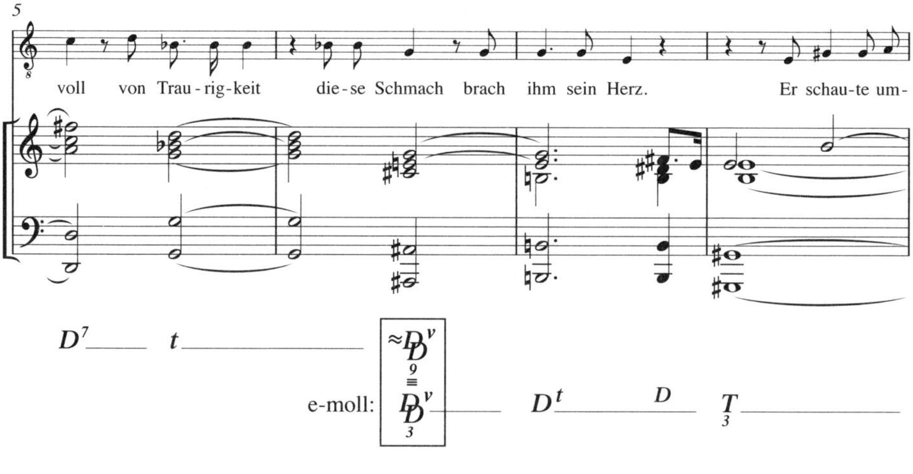
5
voll von Trau - rig - keit die - se Schmach brach ihm sein Herz. Er schau - te um -
D7 t
e-moll:
D T

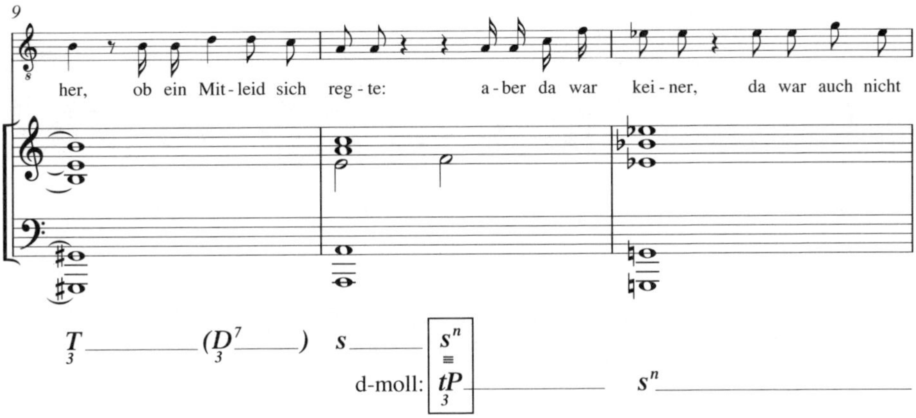
9
her, ob ein Mit-leid sich reg-te: a-ber da war kei-ner, da war auch nicht
T (D7) s s^n ≡ tP
3 3
d-moll: tP s^n

12
ei-ner, zu trö-sten ihn: er schau-te um-her, ob ein Mit-leid sich reg-te:
D^v D^t D ≈D^v ≡ D^v
3 9 3
h-moll: t

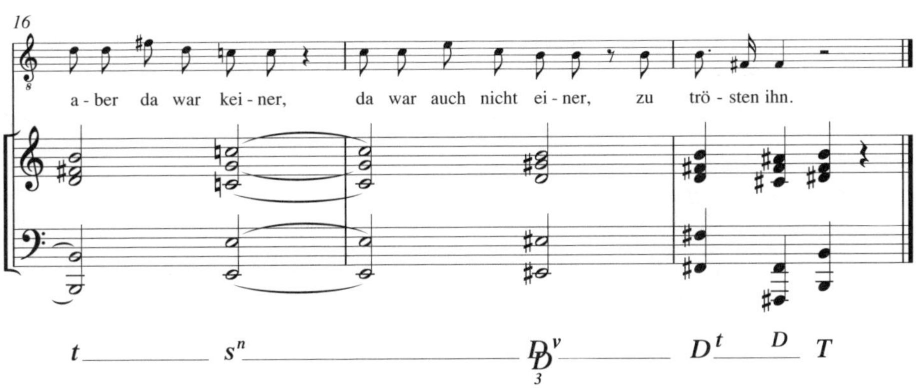
16
a-ber da war kei-ner, da war auch nicht ei-ner, zu trö-sten ihn.
t s^n D^v D^t D T
3

Aufgabe 7.A.1.

d-moll: *t* D^v ___ *t* D^7 ___ *tG* *s* ___ *D* ___

t ___ (D^7 ___) *tG* ___ (D^7 ___)

tG ___ (D^7 ___) *tP* ___ (*D* ___) *tP* ___

(D^7 ___) *s* ___ *t* ___ D^7 ___ *t* ___ *d* ___

(*D* ___ *t* ___ *D* ___ *t* ___

s ___ s^n ___ *s* ___ *D* ___ *t* ___ *D* ___) *D* ___

Aufgabe 7.A.2.

G-dur: T D7 T S D T D D7 T
6
S D T DD D D T D
11
(D 7) Sp (Dv) Tp (s D)
16
Tp T (D7) S DD 7
20
D D7 T S D T D T

Aufgabe 7.A.3.

F-dur: *T* ___ (*D^7* ___) *S* ___ *$\not{D}^7$* ___ *D^7* ___ *T* ___

$\not{D}D^7$ ___ *D* ___ 7 (*D^7* ___)*Tp* ___

D^7 ___ *Tp* ___ *S* ___ (*D^7* ___) *Tp* ___

(*s* ___ *D* ___) *Tp* ___ *S* ___

$\not{D}\not{D}\not{D}\not{D}D^7$ ___ *$\not{D}\not{D}\not{D}D^7$* ___ *$\not{D}\not{D}D^7$* ___ *$\not{D}D^7$* ___

[S]
(D^7 ___) Sp ___ (s ___ D^7 ___) Sp ___

D^7 ___ (D^7 ___) S ___ 6 ___

D_7 ___ T ___ Tp ___ Sp ___ D^7 ___ T ___ (D^7 ___)

S ___ D^7 ___ T ___ Tp S ___ D T ___

Funktionsklänge und -symbole (alphabetisch)

Die von Hugo Riemann gegen Ende des 19. Jahrhunderts begründete *Funktionstheorie* ordnet die Klänge im Bereich der Dur-Moll-Tonalität unter dem Gesichtspunkt ihrer Abhängigkeit von den drei Hauptfunktionen *Tonika, Subdominante* und *Dominante.* Aus dieser Abhängigkeit resultiert die *Folgerichtigkeit der Klangverbindungen innerhalb der Kadenzharmonik.*
Für die Klanganalyse selber ist das Auffinden des *Funktionsgrundtones* sowie die daraus sich ergebende *Baßtonbestimmung* maßgebend, weniger – wie in der Generalbaßlehre – der strukturelle Aufbau des Akkordes.
In der folgenden Übersicht wird deshalb darauf verzichtet, auf die grundsätzliche Umkehrungsfähigkeit aller aufgelisteten Klänge einzugehen.

***D* = Durdominante**; Durdreiklang auf der V. Tonleiterstufe in Dur und im Harmonischen Moll (Dreiklang *g – h – d* in C-dur bzw. *e – gis – h* in a-moll); *erweiterbar* zum Dominantseptakkord D^7 (Vierklang *g – h – d – f* in C-dur bzw. *e – gis – h – d* in a-moll), zum großen Dominantnonenakkord D^{9+} (Fünfklang *g – h – d – f – a* in C-dur) oder zum kleinen Dominantnonenakkord D^{9-} (Fünfklang *e – gis – h – d – f* in a-moll); tritt als D^7 bzw. als D^{9+} und D^{9-} auch *verkürzt*, d. h. *ohne Grundton* auf ($\not{D}^7$, $\not{D}^{9+}$, $\not{D}^{9-}$)

***d* = Molldominante**; Molldreiklang auf der V. Stufe in Moll (Dreiklang *e – g – h* in a-moll); auch in Dur denkbar (Dreiklang *g – b – d* in C-dur – „Erweiterte Tonalität“, vgl. Kapitel 3); hat nur als $\underset{3}{d}$ (Molldominantsextakkord) praktische Bedeutung (Regelkadenz: $t - \underset{3}{d} - \underset{3}{s} - D$ …)

$\not{D}\!\!\!\!D$ = Doppeldurdominante; Durdreiklang auf der II. Tonleiterstufe in Dur oder in Moll; (Dreiklang *d – fis – a* in C-dur bzw. *h – dis – fis* in a-moll); wird als Durdominante der Durdominante (= Doppeldominante) auch „Wechseldominante“ genannt und hat als Zwischendominante zur Dominante eine formbildende Kraft bei Ausweichungen (vgl. Kapitel 6); kann die gleichen Erweiterungen oder Verkürzungen annehmen wie die Dominante ***D*** (siehe dort)

***Dg* = Durdominantmollgegenklang**; Molldreiklang auf der VII. Tonleiterstufe in Dur (Dreiklang *h – d – fis* in C-dur); obere Terzverwandte der Durdominante (vgl. Kapitel 4)

***dG* = Molldominantdurgegenklang**; Durdreiklang auf der III. Tonleiterstufe in Moll (Dreiklang *c – e – g* in a-moll); untere Terzverwandte der Molldominante (vgl. Kapitel 4)

***DG* = Durdominantdurgegenklang**; Durdreiklang auf der VII. Tonleiterstufe in Dur (Dreiklang *h – dis – fis* in C-dur); obere, entfernte Terzverwandte 1. Grades der Durdominante (vgl. Kapitel 4)

***dg* = Molldominantmollgegenklang**; Molldreiklang auf der III. Tonleiterstufe in Moll (Dreiklang *c – es – g* in a-moll); untere, entfernte Terzverwandte 1. Grades der Molldominante (vgl. Kapitel 4)

***Dp* = Durdominantmollparallele**; Molldreiklang auf der III. Tonleiterstufe in Dur (Dreiklang *e – g – h* in C-dur); untere Terzverwandte der Durdominante (vgl. Kapitel 4)

***dP* = Molldominantdurparallele**; Durdreiklang auf der VII. Tonleiterstufe in Moll (Dreiklang *g – h – d* in a-moll); obere Terzverwandte der Molldominante (vgl. Kapitel 4); kann in Dur auch als $\overset{S}{S}$ („doppelte Dursubdominante") aufgefaßt werden

***DP* = Durdominantdurparallele**; Durdreiklang auf der III. Tonleiterstufe in Dur (Dreiklang *e – gis – h* in C-dur); untere, entfernte Terzverwandte 1. Grades der Durdominante (vgl. Kapitel 4)

***dp* = Molldominantmollparallele**; Molldreiklang auf der VII. Tonleiterstufe in Moll (Dreiklang *g – b – d* in a-moll); obere, entfernte Terzverwandte 1. Grades der Molldominante (vgl. Kapitel 4)

D^{T} = Dominantvorhaltsquartsextakkord; rechnerisch ein (Dur-)Quartsextakkord auf der V. Tonleiterstufe in Dur (Dreiklang *g – c – e* in C-dur), von der Bedeutung her die Durdominante mit doppeltem Vorhalt (Quarte und große Sexte über Dominantgrundton); die Funktion bleibt trotz des Anscheins einer Tonika dominantisch („kadenzierender Vorhaltsquartsextakkord"), die Regelfortführung lautet D^{TD}

D^{t} = Dominantvorhaltsquartsextakkord; rechnerisch ein (Moll-)Quartsextakkord auf der V. Tonleiterstufe im „Harmonischen Moll" (Dreiklang *e – a – c* in a-moll), von der Bedeutung her die Durdominante mit doppeltem Vorhalt (Quarte und kleine Sexte über Dominantgrundton); die Funktion bleibt trotz des Anscheins einer Tonika dominantisch („kadenzierender Vorhaltsquartsextakkord"), die Regelfortführung lautet D^{tD}

D^{v} = verminderter Septakkord; Vierklang auf der VII. Tonleiterstufe in Moll (Vierklang *gis – h – d – f* in a-moll); hat auch in Dur Eingang gefunden (Vierklang *h – d – f – as* in C-dur); wird funktionstheoretisch als *kleiner Dominantnonenakkord ohne Grundton* aufgefaßt; sein Rahmenintervall (verminderte Septime *gis – f* bzw. *h – as*) prägt den Akkord klanglich wie terminologisch

***S* = Dursubdominante**; Durdreiklang auf der IV. Tonleiterstufe in Dur und im Melodischen Moll (Dreiklang *f – a – c* in C-dur bzw. *d – fis – a* in a-moll); *erweiterbar* zur „Dursubdominante mit hinzugefügter großer Sexte" $S^{\substack{6\\5}}$ (*sixte ajoutée*: Vierklang *f – a – c – d* in C-dur); häufig auch auftretend als „Dursubdominante mit großer Sexte *anstelle* der Quinte" S^{6} (*subdominantischer Sextakkord*: Dreiklang *f – a – d* in C-dur)

***s* = Mollsubdominante**; Molldreiklang auf der IV. Tonleiterstufe in Moll (Dreiklang *d – f – a* in a-moll); *erweiterbar* zur „Mollsubdominante mit hinzugefügter großer Sexte" $s^{\substack{6\\5}}$ (*sixte ajoutée*: Vierklang *d – f – a – h* in a-moll); häufig auch auftretend als „Mollsubdominante mit großer Sexte *anstelle* der Quinte" s^{6} (*subdominantischer Sextakkord*: Dreiklang *d – f – h* in a-moll); alle Mollsubdominantformen sind auch im gleichnamigen Durgeschlecht denkbar (vgl. Kapitel 3 „Erweiterte Tonalität")

Sg = **Dursubdominantmollgegenklang**; Molldreiklang auf der VI. Tonleiterstufe in Dur (Dreiklang *a – c – e* in C-dur); obere Terzverwandte der Dursubdominante (vgl. Kapitel 4)

sG = **Mollsubdominantdurgegenklang**; Durdreiklang auf der – erniedrigten – II. Tonleiterstufe in Moll (Dreiklang *b – d – f* in a-moll); untere Terzverwandte der Mollsubdominante, hat Identität mit s^N (*verselbständigter Neapolitaner* – siehe dort; vgl. auch Kapitel 4 und 5)

SG = **Dursubdominantdurgegenklang**; Durdreiklang auf der VI. Tonleiterstufe in Dur (Dreiklang *a – cis – e* in C-dur); obere, entfernte Terzverwandte 1. Grades der Dursubdominante (vgl. Kapitel 4)

sg = **Mollsubdominantmollgegenklang**; Molldreiklang auf der – erniedrigten – II. Tonleiterstufe in Moll (Dreiklang *des – fes – as* in c-moll); untere, entfernte Terzverwandte 1. Grades der Mollsubdominante (vgl. Kapitel 4)

s^n = **neapolitanischer Sextakkord**; Mollsubdominante mit – leiterfremder – *kleiner* Sexte *anstelle* der Quinte in Moll (Dreiklang *d – f – b* in a-moll); trotz des Anscheins eines Dursextakkordes auf der erniedrigten II. Tonleiterstufe bleibt die Funktion subdominantisch; die Bezeichnung *neapolitanischer Sextakkord* geht auf die häufige Verwendung des Akkordes in der Neapolitanischen Opernschule (erste Hälfte des 18. Jahrhunderts) als Ausdrucksmittel für Gemütsregungen wie Trauer, Verdruß, Leiden, Verzweiflung oder Schmerz zurück; im 19. Jahrhundert auch in Dur vorkommend (Dreiklang *f – as – des* in C-dur; vgl. Kapitel 4 und 5)

s^N = **verselbstständigter Neapolitaner**; Durdreiklang auf der – erniedrigten – II. Tonleiterstufe in Moll; (Dreiklang *b – d – f* in a-moll); hat die Bedeutung einer „Verselbstständigung des neapolitanischen Sextakkordes", wenn die Funktion direkt vor der Durdominante auftritt; Identität mit ***sG*** (siehe dort)

Sp = **Dursubdominantmollparallele;** Molldreiklang auf der II. Tonleiterstufe in Dur (Dreiklang *d – f – a* in C-dur); untere Terzverwandte der Dursubdominante

sP = **Mollsubdominantdurparallele**; Durdreiklang auf der VI. Tonleiterstufe in Moll (Dreiklang *f – a – c* in a-moll); obere Terzverwandte der Mollsubdominante

SP = **Dursubdominantdurparallele**; Durdreiklang auf der II. Tonleiterstufe in Dur (Dreiklang *d – fis – a* in C-dur); untere, entfernte Terzverwandtschaft 1. Grades der Dursubdominante; Verwechslungsgefahr mit der Doppeldominante *D̸D* (siehe dort; vgl. auch Kapitel 4)

sp = **Mollsubdominantmollparallele**; Molldreiklang auf der VI. Tonleiterstufe in Moll (Dreiklang *f – as – c* in a-moll); obere, entfernte Terzverwandte 1. Grades der Mollsubdominante (vgl. Kapitel 4)

S̸S = **Doppeldursubdominante**; Durdreiklang auf der – erniedrigten – VII. Tonleiterstufe in Dur (Dreiklang *b – d – f* in C-dur); gilt als Dursubdominante der Dursubdominante oder als Molldominantdurparallele ***dP*** (siehe dort; vgl. auch Kapitel 3) *ss* = **Doppelmollsubdominante**; Molldreiklang auf der VII. Tonleiterstufe in Moll (Dreiklang *g – b – d* in a-moll); Mollsubdominante der Mollsubdominante (vgl. Kapitel 3)

T = **Durtonika**; Durdreiklang auf der I. Tonleiterstufe in Dur (Dreiklang *c – e – g* in C-dur); wird im Zeitalter des Barock auch gerne als Abschlußakkord in *Moll* benutzt (Dreiklang *a – cis – e* in a-moll – *pikardische Terz*)

t = **Molltonika**; Molldreiklang auf der I. Tonleiterstufe in Moll (Dreiklang *a – c – e* in a-moll)

Tg = **Durtonikamollgegenklang**; Molldreiklang auf der III. Tonleiterstufe in Dur (Dreiklang *e – g – h* in C-dur); obere Terzverwandte der Durtonika

tG = **Molltonikadurgegenklang**; Durdreiklang auf der VI. Tonleiterstufe in Moll (Dreiklang *f – a – c* in a-moll); untere Terzverwandte der Molltonika

TG = **Durtonikadurgegenklang**; Durdreiklang auf der III. Tonleiterstufe in Dur (Dreiklang *e – gis – h* in C-dur); obere, entfernte Terzverwandte 1. Grades der Durtonika (vgl. Kapitel 4)

tg = **Molltonikamollgegenklang**; Molldreiklang auf der VI. Tonleiterstufe in Moll (Dreiklang *f – as – c* in a-moll); untere, entfernte Terzverwandte 1. Grades der Molltonika (vgl. Kapitel 4)

Tp = **Durtonikamollparallele**; Molldreiklang auf der VI. Tonleiterstufe in Dur (Dreiklang *a – c – e* in C-dur); untere Terzverwandte der Durtonika

tP = **Molltonikadurparallele**; Durdreiklang auf der III. Tonleiterstufe in Moll (Dreiklang *c – e – g* in a-moll); obere Terzverwandte der Molltonika

TP = **Durtonikadurparallele**; Durdreiklang auf der VI. Tonleiterstufe in Dur (Dreiklang *a – cis – e* in C-dur); untere, entfernte Terzverwandte 1. Grades der Durtonika (vgl. Kapitel 4)

tp = **Molltonikamollparallele**; Molldreiklang auf der III. Tonleiterstufe in Moll (Dreiklang *c – es – g* in a-moll); obere, entfernte Terzverwandte 1. Grades der Molltonika (vgl. Kapitel 4)

Generalbaßbezeichnungen (alphabetisch)

Der *Generalbaß* ist eine Art musikalische *Kurzschrift* des Zeitalters von ca. 1600 bis 1750 (vgl. Kapitel 7). Der Komponist beziffert dabei eine durchgängig zu spielende Baßstimme („basso continuo") und gibt somit Aufschlüsse über den harmonischen Gang des Werkes.

Anders als in der Funktionstheorie werden in der Generalbaßlehre die Akkorde streng nach ihrem jeweiligen Intervallaufbau zum gegebenen *Baßton* errechnet, bezeichnet und am Tasteninstrument mit der rechten Hand gespielt. Dabei ist das exakte Zustandekommen des Klangs individuell von der jeweiligen Tonartvorzeichnung abhängig. Die folgenden Generalbaßbezeichnungen haben sich trotz des Aufkommens später entwickelter Systeme (wie Stufenlehre oder Funktionstheorie) bis in die heutige Zeit erhalten.

Grundstellungsakkord = Dreiklang aus Terz und Quinte über Baßton (*unbeziffert*); je nach Vorzeichnung kann sich ein Durdreiklang, ein Molldreiklang oder ein verminderter Dreiklang ergeben – Beispiel 1

Nonenakkord = Fünfklang aus Terz, Quinte, Septime und – großer oder kleiner – None über Baßton (*Bezifferung:* 9); die Ziffer 9 zeigt im Generalbaßzeitalter in der Regel den *Vorhaltston* der None in einem *nichtdominantischen* Klang an (in diesem Falle entfällt die Septime); der Nonenakkord hat zur Generalbaßzeit hat nur sehr selten die Bedeutung eines Dominantseptnonenakkordes – Beispiel 2

Quartsextakkord = Dreiklang aus Quarte und Sexte über Baßton (*Bezifferung:* $^{6}_{4}$); je nach Vorzeichnung kann sich die zweite Umkehrung eines Dur- oder eines Molldreiklangs ergeben – Beispiel 3

Quintsextakkord = Vierklang aus Terz, Quinte und Sexte über Baßton (*Bezifferung:* $^{6}_{5}$); (vollständige Bezeichnung: **Terzquintsextakkord**); zu unterscheiden ist zwischen dem *dominantischen* Quintsextakkord (erste Umkehrung des Dominantseptimakkordes), dem *subdominantischen* Quintsextakkord (Subdominante mit hinzugefügter Sexte – *sixte ajoutée*) und der ersten Umkehrung des *verminderten Septakkordes* – Beispiel 4

Sekundakkord = Vierklang aus Sekunde, Quarte und Sexte über Baßton (*Bezifferung:* 2); (vollständige Bezeichnung: **Sekundquartsextakkord**); hat in der Regel die Bedeutung der dritten Umkehrung des Dominantseptimakkordes, kann jedoch auch die Umkehrung einer *sixte ajoutée* oder eines *verminderten Septakkordes* darstellen – Beispiel 5

Septimakkord = Vierklang aus Terz, Quinte und Septime über Baßton (*Bezifferung:* 7); hat entweder dominantische Bedeutung oder die eines „Nebenseptakkordes"; die Ziffer 7 kann zur Generalbaßzeit aber auch oft den *Vorhaltston* der Septime vor der Sexte anzeigen (in diesem Falle entfällt die Quinte) – Beispiel 6

Sextakkord = Dreiklang aus Terz und Sexte über Baßton (*Bezifferung:* 6); (vollständige Bezeichnung: **Terzsextakkord**); je nach Vorzeichnung kann sich die erste Umkehrung eines Dur- oder Molldreiklangs oder der verkürzte Dominantseptakkord auf der Quinte ergeben – Beispiel 7

Terzquartakkord = Vierklang aus Terz, Quarte und Sexte über Baßton (*Bezifferung*: $\substack{4\\3}$); (vollständige Bezeichnung: **Terzquartsextakkord**); hat in der Regel die Bedeutung der zweiten Umkehrung des Dominantseptimakkordes – Beispiel 8

Übermäßiger Quintsextakkord = Vierklang aus großer Terz, Quinte und übermäßiger Sexte über Baßton (*Bezifferung:* $\substack{6\sharp\\5}$); (vollständige Bezeichnung: **übermäßiger Terzquintsextakkord**); hat meist doppeldominantische Bedeutung (vgl. Kapitel 5) – Beispiel 9

Übermäßiger Sextakkord = Dreiklang aus großer Terz und übermäßiger Sexte über Baßton (*Bezifferung:* $6\sharp$); (vollständige Bezeichnung: **übermäßiger Terzsextakkord**); hat die Bedeutung eines verkürzten Dominantseptakkordes auf der tiefalterierten Quinte (vgl. Kapitel 5) – Beispiel 10

Übermäßiger Terzquartakkord = Vierklang aus großer Terz, übermäßiger Quarte und übermäßiger Sexte über Baßton (*Bezifferung:* $\substack{6\sharp\\4\\3}$); (vollständige Bezeichnung: **übermäßiger Terzquartsextakkord**); hat die Bedeutung der zweiten Umkehrung des Dominantseptimakkordes auf der tiefalterierten Quinte (vgl. Kapitel 5) – Beispiel 11

Verminderter Septakkord = Vierklang aus kleiner Terz, verminderter Quinte und verminderter Septime über Baßton (*Bezifferung:* $7\flat$ bzw. 7); kann als „kleiner Nonenakkord ohne Grundton“ erklärt werden – Beispiel 12

Beispiele zu den Generalbaßbezeichnungen

Hinweis: Je nach den Gegebenheiten der Tonartvorzeichnung bekommen die einzelnen Ziffern – meist in Moll – Zusätze wie ♯, ♭ oder ein Auflösungszeichen. Stehen solche Zusätze alleine, beziehen sie sich auf die *Terz* des gegebenen Baßtones.
(Vgl. auch die im Abschnitt „Literaturempfehlungen“ angegebenen Generalbaßlehren.)

Beispiel 1

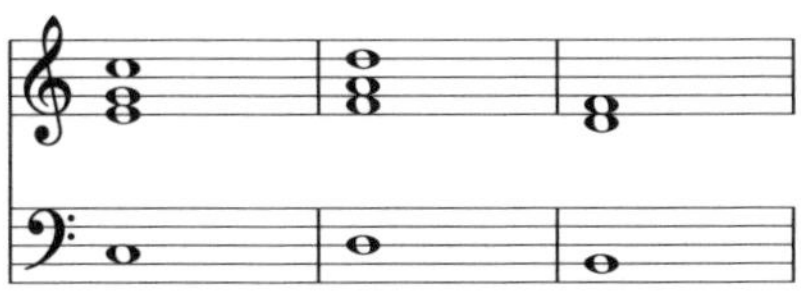

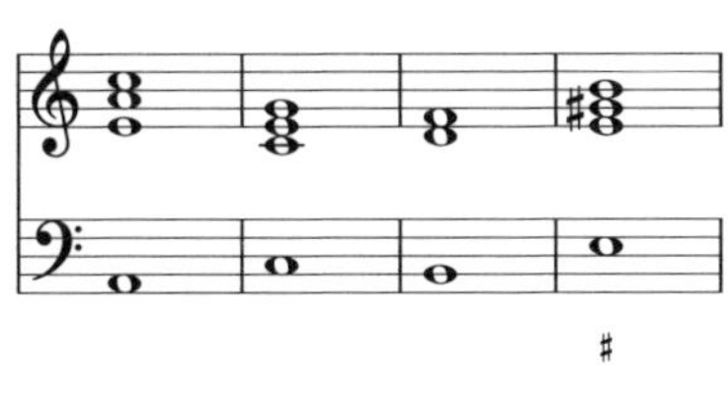

Beispiel 2

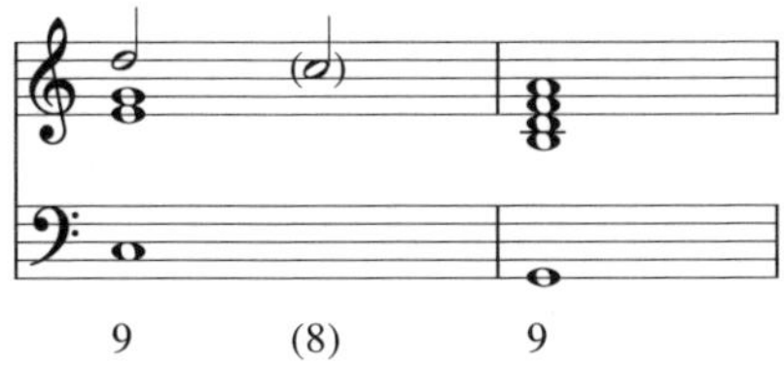

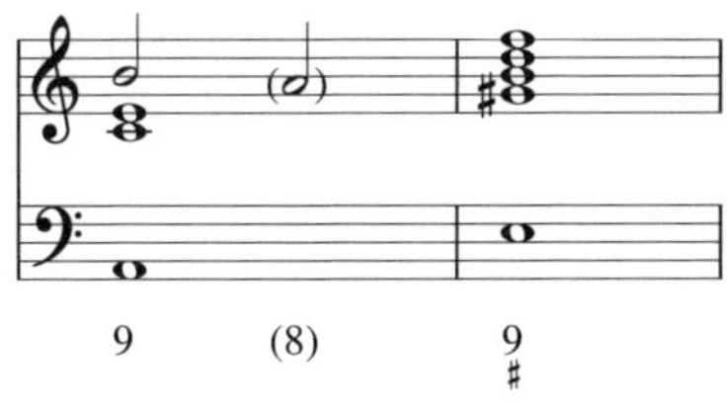

Beispiel 3

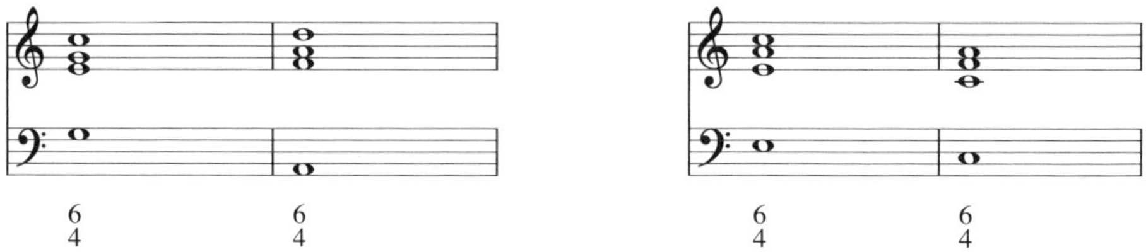

Beispiel 4

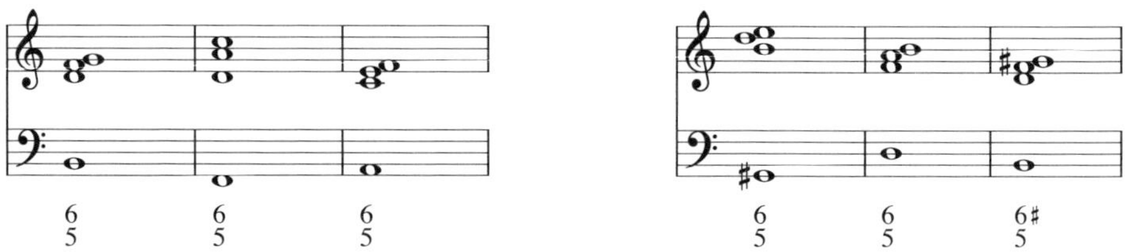

Beispiel 5

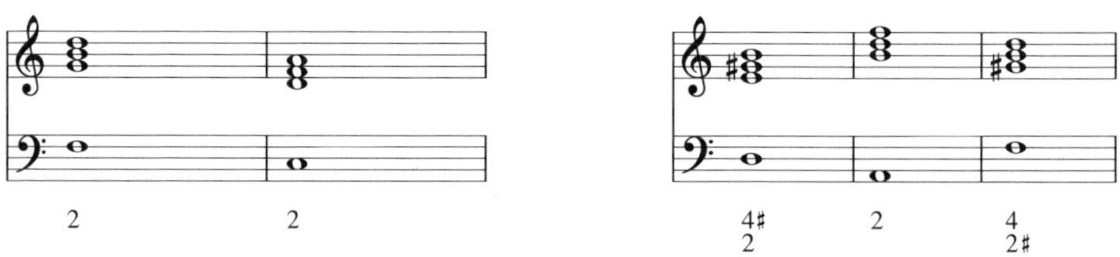

Beispiel 6

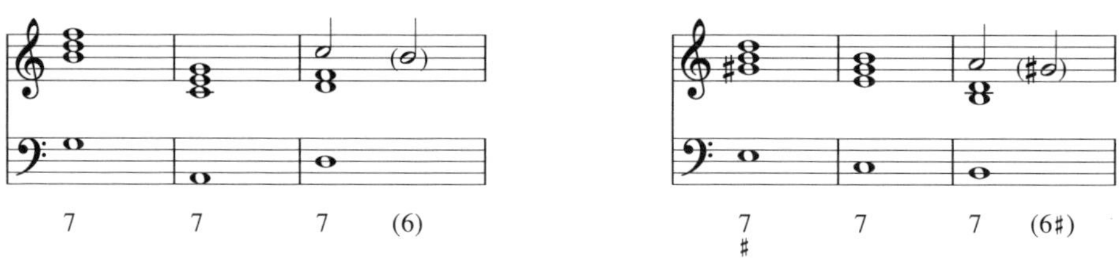

Beispiel 7

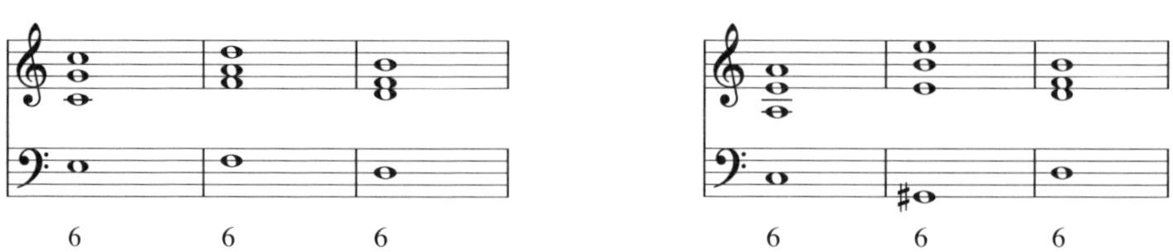

Beispiel 8

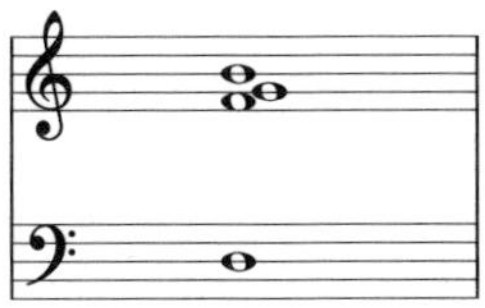

4
3

6♯
4
3

Beispiel 9

6♯
5♭

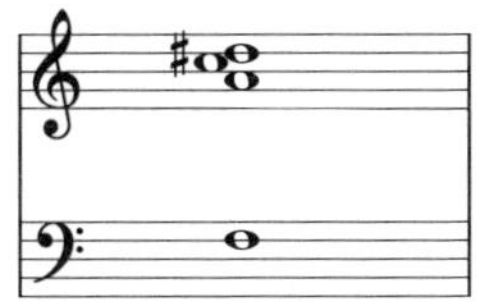

6♯
5

Beispiel 10

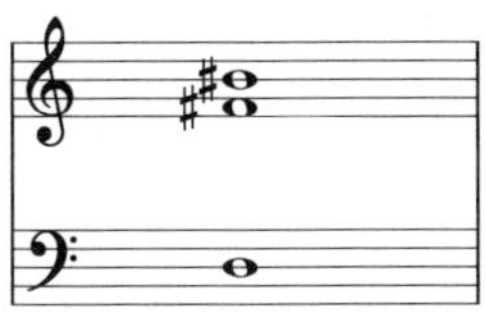

6♯
♯

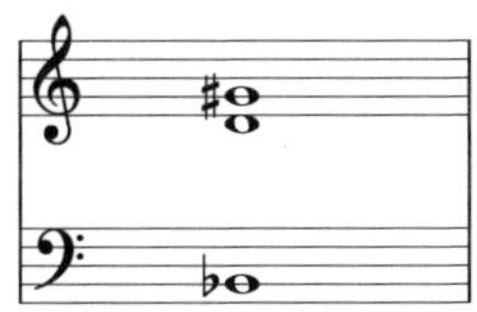

6♯

Beispiel 11

6♯
4
3

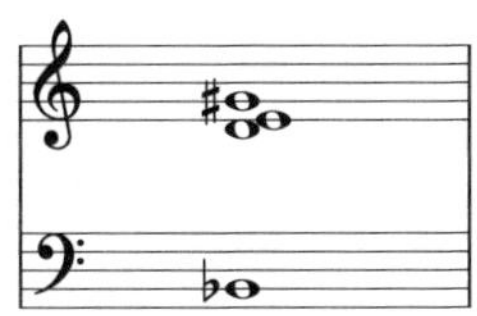

6♯
4
3

Beispiel 12

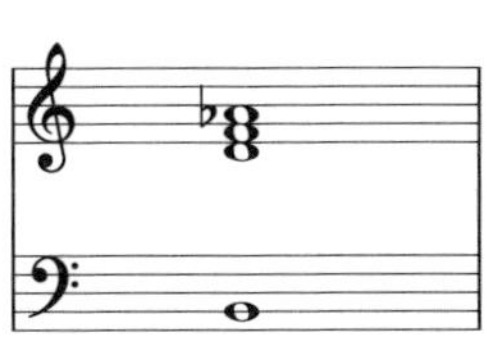

7♭

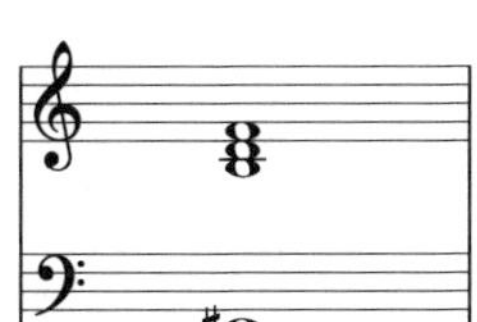

7

Kadenzbeispiele

> Die nachfolgend aufgeführten Kadenzbeispiele in C-dur und in a-moll dienen dazu, wesentliche Merkmale des Bezeichnungssytems der Funktionstheorie zu veranschaulichen und in exemplarischer Form zusammenzufassen. Eine ausführliche Hinführung zur Funktionstheorie bieten alle im Literaturverzeichnis am Ende dieses Buches aufgelisteten *Harmonielehren*.

Hauptdreiklänge und ihre Erweiterungen durch „charakteristische Zusatzdissonanzen“

C-dur: T S $D_{8\ 7}$ T_3 S^6 $D^{T\ D}_{\ \ 7}$ T_3 $\not{D}^7_5$ T S_3 D^7_3 T

D $\not{D}^9_7$ T_3 D^7_5 T T_3 S^{6}_{5} $D^{8\ 7}$ T

a-moll: t s $D_{8\ 7}$ t_3 s^n $D^{t\ D}_{\ \ 7}$ t_3 $\not{D}^7_5$ t S_3 D^7_3 t

D D^v_7 t_3 D^7_5 t t_3 s^{6}_{5} $D^{8\ 7}$ t

Kadenzerweiterungen durch leitereigene Nebendreiklänge

C-dur: *T Tg S T Tp S Sp D Dp Tp* D_3^7 *T* $D^{8\ 7}$ *Tp Sp* $D^{T\ D}$ *T*

a-moll: *t tG s* s_6^5 $D_{8\ 7}$ t_3 $\not{D}_5^7$ *t* $D^{8\ 7}$ *tG* s_5^6 $D^{t\ D}$ *t*

Zwischendominanten ( ) und Ausweichungen (   )

C-dur: *T S* $\not{D}_3^v$ *D* (D_3^v) *Tp* (D_7 t_3 s^n *D*) *Sp* (D_3^v) *Dp* $\not{D}_3^7$ *D* (D_7) S_3 $D^{T\ D}$ *T*

a-moll: *t s* $\not{D}_3^7$ *D* (D_3^7) *s* ($\not{D}_5$ $D^{T\ D}_{\ \ 7}$) tG_3 s^n $\not{D}_3^v$ D^7 *t*

Rückbezogene Zwischendominanten ←( )

C-dur: *T D Tp* ←($D_{8\ 7}$) (D_3^v) *Sp D T*

a-moll: t $s^{\substack{6\\5}}$ $D^{8\,\_\_\,7}$ tG $\leftarrow(D^{7}_{3})$ $\not{D}^{v}_{3}$ D^{7} t

Ellipsen (= „übergangene Bezugsklänge“) ( ) [ ]

C-dur: T $\not{D}^{7}_{5}$ (D^{7}_{3}) $[S]\ \not{D}^{v}_{3}$ D (D^{v}_{9}) $[Tp]\ \not{D}^{v}_{9}$ $D^{7\,\_\_}_{5\quad 1}$ T

a-moll: t s t D (D^{7}_{3}) $[s]\ \not{D}^{v}_{9}$ D^{7}_{5} (D^{7}_{3}) $[tP]\ t_{3}$ $s^{\substack{6\\5}}$ D t

Zwischendominanten innerhalb von Ausweichungen {( )}

C-dur: T S $\not{D}^{v}_{3}$ D $\{(D^{7}_{3})$ Tp (D^{v}_{3}) Sp Sp^{7} $D^{7}\}$ D (D^{7}_{3}) S $D^{4\,\_\_\,3}$ T

a-moll: t D (D_{7}) s_{3} $\{(D^{v}_{3})$ Sp $D^{7}_{3}\}$ tG s^{n} $\not{D}^{v}_{3}$ D t

Verzeichnis der Notenbeispiele

Sachregister

Literaturempfehlungen

Aufgeführt sind nur Veröffentlichungen, welche in empfehlenswerter Form die im Buch angerissenen Themenfelder sowie deren Nachbargebiete vertiefen.

Lexika, Handbücher, Allgemeine Darstellungen, Musikgeschichte

Amon, Reinhard: *Lexikon der Harmonielehre*
Dietel, Gerhard: *Musikgeschichte in Daten*
Kolneder, Walter: *Geschichte der Musik*
Krämer, Thomas/Dings, Manfred: *Lexikon Musiktheorie*
Krämer, Thomas, *Musikwissen! 231 Fragen und Antworten*
Michels, Ulrich (Hrsg.): *dtv-Atlas zur Musik*
Schering, Arnold; Reinisch, Frank: *Neue Tabellen zur Musikgeschichte*

Allgemeine Musiklehre

Grabner, Hermann: *Allgemeine Musiklehre*
Hempel, Christoph: *Neue Allgemeine Musiklehre*
Wolf, Erich: *Allgemeine Musiklehre*
Ziegenrücker, Wieland: *ABC Musik. Allgemeine Musiklehre*
Ziegenrücker, Wieland: *Praktische Musiklehre*

Harmonielehre

Acker, Heinz: *Modulationslehre*
Bölsche, Franz: Übungen und Aufgaben zur Harmonielehre
Geller, Doris: *Modulationslehre*
Hempel, Christoph: *Harmonielehre – das große Praxisbuch*
Hindemith, Paul: *Aufgaben für Harmonieschüler*
Krämer, Thomas: *Harmonielehre im Selbststudium*
Krämer, Thomas: *Praktische Harmonieübungen*
Kühn, Clemens: *Modulation kompakt*
Lemacher, Heinrich/Schroeder, Hermann: *Harmonielehre*
Maler, Wilhelm: *Beitrag zur dur-moll-tonalen Harmonielehre* (2 Bände)
Motte, Diether de la: *Harmonielehre*
Reger, Max: *Beiträge zur Modulationslehre*
Schönberg, Arnold: *Harmonielehre*
Wolf, Erich: *Harmonielehre*

Kontrapunkt

Jeppesen, Knud: *Kontrapunkt*
Krämer, Thomas: *Kontrapunkt. Polyphone Musik in Selbststudium und Unterricht*
Lemacher, Heinrich/Schroeder, Hermann: *Lehrbuch des Kontrapunkts*
Manicke, Dietrich: *Der polyphone Satz* (2 Bände)
Motte, Diether de la: *Kontrapunkt*
Wolf, Erich, *Die Lehre vom Kontrapunkt*

Formenlehre

Amon, Reinhard: *Lexikon der musikalischen Form*
Kühn, Clemens: *Formenlehre der Musik*